"简"述中国 朱建军 ◎ 总主编

行役戍甬
——河西汉塞的日常生活

甘肃简牍博物馆 ◎ 编
李燕 赵玉琴 ◎ 著

西南交通大学出版社
·成都·

图书在版编目（CIP）数据

行役戍备：河西汉塞的日常生活 / 甘肃简牍博物馆编；朱建军总主编；李燕，赵玉琴著. —成都：西南交通大学出版社，2023.3（2024.10 重印）

（"简"述中国）

ISBN 978-7-5643-9157-7

Ⅰ. ①行⋯ Ⅱ. ①甘⋯ ②朱⋯ ③李⋯ ④赵⋯ Ⅲ. ①简（考古）– 中国 – 汉代 – 通俗读物②中国历史 – 汉代 – 通俗读物 Ⅳ. ①K877.5-49②K234.09

中国版本图书馆 CIP 数据核字（2022）第 255710 号

"简"述中国　　朱建军　总主编

Xingyi Shubei——Hexi Hansai de Richang Shenghuo
行役戍备——河西汉塞的日常生活

甘肃简牍博物馆　编
李　燕　赵玉琴　著

责 任 编 辑	左凌涛
封 面 设 计	原谋书装
出 版 发 行	西南交通大学出版社
	（四川省成都市金牛区二环路北一段 111 号西南交通大学创新大厦 21 楼）
发行部电话	028-87600564　028-87600533
邮 政 编 码	610031
网　　　　址	http://www.xnjdcbs.com
印　　　　刷	四川玖艺呈现印刷有限公司
成 品 尺 寸	165 mm × 230 mm
印　　　　张	13.25
字　　　　数	183 千
版　　　　次	2023 年 3 月第 1 版
印　　　　次	2024 年 10 月第 3 次
书　　　　号	ISBN 978-7-5643-9157-7
定　　　　价	65.00 元

图书如有印装质量问题　本社负责退换
版权所有　盗版必究　举报电话：028-87600562

总　序
"简"述中国

　　简牍是纸张发明前中国古人最重要的文字书写载体。中国古人将竹木削成薄片，研墨笔书，如《尚书·多士》载"惟殷先人，有册有典"，可见早在商朝时期，古人除了以甲骨契刻文字外，还将竹木简牍编联成册，记载国家政令典章。《墨子·兼爱》载"书于竹帛，镂于金石，琢于盘盂，传遗后世子孙者知之"，说的就是古人通过书写竹木简牍，刻琢金石盘盂，把他们那个时代的思想文化保存下来，留传后世。

　　在中国古代先后有两次比较重要的简牍发现，一是西汉时的孔壁中书，二是西晋时的汲冢竹书，人们将其称为"孔壁汲冢"。这两次出土以先秦时的典籍为主，这些古文典籍的发现对中国古代学术史产生过重大影响。据不完全统计，自20世纪初迄今，在百余年的时间里全国各地历年历次出土的简牍约30万枚，包括楚简、秦简、汉简、三国吴简、晋简等，其时代涵盖了先秦战国至汉晋。简牍记载的内容从大的方面而言，主要包括文书和典籍两大类。文书类包括各种体裁和形制的官私文书，属于实用文体；典籍类则包括各种思想文化的作品，属于艺文典籍。这一时期是中国古代思想文化、政治制度形成时期，同时也是社会经济、民族交融等发展的重要时期，因这些政令文书和艺文典籍文献主要记载于竹木简牍之上，故我们称这一时期为"简牍时代"。

　　甘肃是近世以来最早发现汉简的地区，自1907年英籍匈牙利人探险家斯坦因（A.Stein）第二次中亚探险期间在敦煌汉长城烽燧遗址掘获700多枚汉简（不包括2000多件残片）以来，至1990—1992年敦煌悬泉汉简的发现，历年历次在汉代敦煌、张掖和酒泉郡的长城烽燧遗址和悬泉置遗址出土了数万枚简牍，这其中汉简占绝大部分。甘肃简牍博物馆收藏有近4万枚秦汉魏晋简牍，本丛书中统称为"甘肃简牍"或"甘肃汉简"。

与南方墓葬出土的以先秦典籍为主的简牍不同，甘肃汉简内容丰富，以日常书写的方式，多角度体现了汉塞边关吏卒们的政令文书、屯戍生活、书信往来、天文历法、农事生产、交通保障等。这些不曾为史书记载的历史细节，真实地重现了汉代河西边塞的社会生活和民风民俗，丰富了古丝绸之路的物质文化和精神文化。

甘肃简牍博物馆是以简牍为主要藏品的专题博物馆，这要求馆里的每一位员工都要熟悉馆藏的近4万枚简牍，以便更好从事各自岗位上的工作。讲好简牍故事，让文物活起来，是我们义不容辞的责任和使命。数万枚甘肃简牍是不可多得的出土文献，它的历史价值和文献价值自不待言，在学者们整理研究的基础上讲述简牍故事，弘扬简牍文化，是甘肃简牍博物馆在新时期的重要课题，也是甘肃简牍博物馆所应承担的使命和工作。讲好简牍故事，传播中国声音，"'简'述中国"丛书就是我们的一个尝试和努力。

甘肃简牍博物馆　朱建军

前　言

　　河西走廊地处甘肃省西部，东起乌鞘岭，西接新疆，南倚祁连山，北连内蒙古阿拉善高原，是一个呈西北—东南走向的狭长地带。祁连山的冰川雪水融化流过千里河西走廊，形成片片绿洲。河西走廊自先秦以来就是沟通中原与西域的交通枢纽和经贸通道，这条道路就是著名的丝绸之路。

　　河西走廊先后有不同的部族在此繁衍生息。先秦秦汉时期先后有乌孙、月氏、匈奴等民族在河西地区生活。晚秦时期月氏势力壮大，击败同在河西走廊西部游牧的乌孙人，占据了河西走廊。秦末汉初，北方匈奴在冒顿单于的统治下日渐强大，匈奴击溃月氏，迫其大部西迁。自此匈奴控制了河西走廊地区，包括敦煌在内以西的地区由匈奴浑邪王统治，东部则由匈奴休屠王控制。在取得河西走廊后，匈奴西进控制了西域的广大地区。匈奴骑兵时常南下骚扰汉朝边境，劫夺杀掠，给西汉边郡构成了严重威胁。汉立之初，百废待兴，西汉统治者无力对匈奴贵族的这种寇略行为进行有效反击，故多采取和亲的方式换取边郡一时的宁静。直到汉武帝时期，西汉王朝具备了反击匈奴的条件，遂开始了一系列反击匈奴的军事行动。在全面反击北方匈奴的形势下，骠骑将军霍去病在河西之战中大获全胜，完全据有了河西走廊。

　　为实现张国臂掖、隔绝羌胡的目的，保障中原王朝与西域地区的政令畅达和交通畅通，西汉王朝先后在河西走廊从东向西设置了武威郡、张掖郡、酒泉郡、敦煌郡、阳关和玉门关，即"列四郡、据两关"；沿河西走廊修筑了连绵不绝的长城烽燧，征发戍卒刑徒赴边塞候望防御屯田劳作，并建立完善的烽火系统；同时进行大规模的移民实边，发展河西地区的经济生产；阳关和玉门关作为设在敦煌郡河西走廊最西端的重要关口，是连接中原与西域的重要边防设施。随着汉王朝对河西地区的不断开拓、发展，河西地区由过去羌、匈为主的单一人口结构逐渐演变成以中原内郡移民为主的社会。

近世以来在河西边塞出土了数万枚汉简，这些汉简绝大部分属于簿籍文书，翔实地记录了当年边塞吏卒的屯戍生活。诸如行役戍备、递送文书、屯戍劳作、衣食住行、往来书信、候望烽火、巡视天田、编织衣鞋、砍伐茭草、畜牧马牛、诵记烽火、秋射考核、社祭腊祭、精神信仰、文化学习、汉塞月令等在汉简里都有记载。

本书主要以甘肃简牍博物馆所藏部分简牍和文物为主，力求以通俗易懂的形式讲述汉塞边关的屯戍生活。本书选取了具有代表性的简牍分为五个章节加以介绍。

第一章以讲述汉塞边关的生活日常为主，重点选取了与娱体活动有关的蹴鞠、竹笛；寄托精神信仰的帛鱼、刚卯；日常所用器具渔网、出火具；反映情感生活的书信往来等内容。我们可以从蹴鞠和竹笛等娱乐活动来了解戍卒是如何打发枯燥的业余时间；渔网让我们了解了2000年前汉代居延地区的地理环境；丝带和帛鱼蕴含了古人独特的生死观和升仙思想；出火具的发现印证了在汉代的河西地区，钻木取火是人们较为普遍采用的取火方式之一；阳燧高迁表达了对收件人官职高迁的祝福；刚卯是汉代流行的一种辟邪佩饰，也流行于河西边塞；两封书信让我们真切地了解到汉代河西边塞吏卒的精神生活和文化活动。

第二章主要介绍了汉简里的岁时节庆，以立春、立夏、立秋、立冬、冬至、大寒等节气为主线，讲述了河西汉塞吏卒们的精神生活。岁时节庆蕴含了古人的智慧、悠久的文化内涵和历史积淀，又侧面反映了当时河西边塞吏卒一年的生活忙忙碌碌。

第三章主要介绍了汉塞边关的文化教育。比如汉代儿童启蒙读物《苍颉》篇、《急就篇》。儿童可以通过学习《苍颉》篇识字写字，学习《急就篇》了解当时日常社会生活生产的基本知识和技能。说明了古人物质条件虽然艰苦，但是读书写书的乐趣却丝毫不减。

  第四章以边塞的军事生活为主。主要介绍了文书的上传下达、官吏考核制度、出入关的完整程序、候望系统等方面，描绘出一幅边塞吏卒军事生活的场景图。

  第五章以汉简里的人间四味为出发点，酸、甜、苦、咸既是食物的味道，也是屯戍生活的写照。一方面让我们了解到汉代河西地区的饮食文化，另一方面又让我们真切地感受到边塞吏卒的艰辛和无奈。

  沧海桑田，当年连绵不绝的千里汉塞如今只剩断垣残壁，掩埋在大漠戈壁的黄沙之下。数万枚汉简的发现得以再现那段屯戍往事，每一枚汉简上都记载着一个生动的故事。拂去岁月的尘沙，细读简上的文字，仿佛又回到了汉塞边关，耳畔隐约传来悠悠的驼铃……

作 者

2023 年 3 月

目　录

第一章　汉塞边关的生活日常

- 002　蹴　鞠
- 005　居延竹笛
- 007　渔　网
- 011　帛　鱼
- 014　钻木取火
- 022　阳燧高迁
- 027　刚　卯
- 033　尺牍一封诉衷情
- 040　元致子方书

第二章　汉简里的岁时节庆

- 046　立春：万物之中希望最美
- 050　立夏：万物竞自由
- 056　立秋：秋祀社祭正当时
- 064　立冬：穿针引线备衣忙
- 066　冬至：一阳始生
- 072　大寒：君子行役苦
- 082　一元复始：汉代的春节
- 086　悬泉亭次行：冬至日的劳作
- 092　春种秋收：汉简里的四时八节
- 094　重节：肩水金关的端午节

097　出茭饲马：仓曹史宗的劳动节
101　三冬暖阳：敦煌女子玉门关外送衣记

第三章　汉塞边关的文化教育

108　开卷有益：古人的读简生活
115　竹木春秋：简牍小知识
126　天雨粟之《苍颉》篇
132　奇觚之《急就篇》
137　信笔涂鸦

第四章　边塞的军事生活

146　封检：汉代的文书保密措施
152　张掖都尉棨信：出入关门的凭证
154　转射：观察敌情的瞭望孔
156　明白大扁书：挂在显眼处的官府通告
160　秋射：河西边塞的军事考核

第五章　汉简里的人间四味

164　吃　醋
169　北水咸苦
173　苦尽甘来
180　盐胜雪，喜初尝
185　悬泉置的美清酱

191　图片来源

202　后　记

第一章 汉塞边关的生活日常

蹴　鞠

文物简介

第一件蹴鞠（出土编号：79DMT12∶01），1979年出土于敦煌马圈湾烽燧遗址，直径5.5厘米。内填丝绵，外用细麻绳和白绢搓成的绳捆扎成球形。因实物体积较小，可能是随军子女的玩具。现藏甘肃简牍博物馆。

第二件蹴鞠（出土编号：92DXT1812②∶95），1992年出土于敦煌悬泉置遗址，直径6.5厘米。以麻绳缠绕捆扎成球形。现藏甘肃简牍博物馆。

第三件蹴鞠（出土编号：90DXT109②∶73），1990年出土于敦煌悬泉置遗址，直径8厘米。以麻绳缠绑成球形。现藏甘肃简牍博物馆。

图1-1　敦煌马圈湾烽燧遗址出土蹴鞠

图1-2　敦煌悬泉置遗址出土蹴鞠

图1-3　敦煌悬泉置遗址出土蹴鞠

阅读延伸

汉塞边关的娱乐活动

由于史籍阙载或语焉不详，我们对两汉时期河西边塞戍卒民众的文体娱乐活动情况知之不多。在河西汉简中有一些和体育娱乐有关的简文，虽仅片言只语，但我们可从中了解到边塞戍卒们的日常生活也并不总是枯燥乏味的，他们偶尔也有快乐可寻。

蹴鞠，类似于现代足球运动，是一项对抗运动。"蹴鞠"一作"蹋鞠"，即踢鞠之义。鞠是一种圆形的球，以动物的皮缝制而成，中间塞有动物毛或其他软和的填充物等。蹴鞠这项运动最先是一种军事训练项目，在培育士兵作战素质上有特殊的功效。在运动中，参与者跑跳、躲闪、突起突停等技巧，直接反映了他们的灵敏、力量、机智和速度，这些身体素质，正是对战士身体的必备要求。以蹴鞠运动来替代枯燥的身体训练，有着显而易见的寓练于乐的功效，能起到事半功倍的效果。由于蹴鞠具有一定的娱乐性，后来逐渐从军事训练项目演变为一种娱乐活动，它集健身、竞技表演、娱乐于一体，具备体育的本质属性。

据《史记》裴骃《集解》引汉代刘向《别录》曰："蹴鞠者，传言黄帝所作，或曰起战国之时。蹋鞠，兵势也，所以练武士，知有材也，皆因嬉戏而讲练之。"蹴鞠为黄帝所作，恐只是传说，战国时期蹴鞠作为一项娱乐活动在齐楚一带流行，则应是事实。如《战国策·齐策》记载说，齐国首都临淄繁华富庶，那里的民众多喜吹竽、鼓瑟、击筑、弹琴、斗鸡、走犬、六博、蹴鞠等。至秦汉以后，蹴鞠这一体育娱乐活动在宫廷和民间都得到了广泛的开展。《史记》载西汉名将霍去病远征塞外，士兵因缺粮而饿得萎靡不振，但霍去病还饶有兴味地在军营蹋鞠。

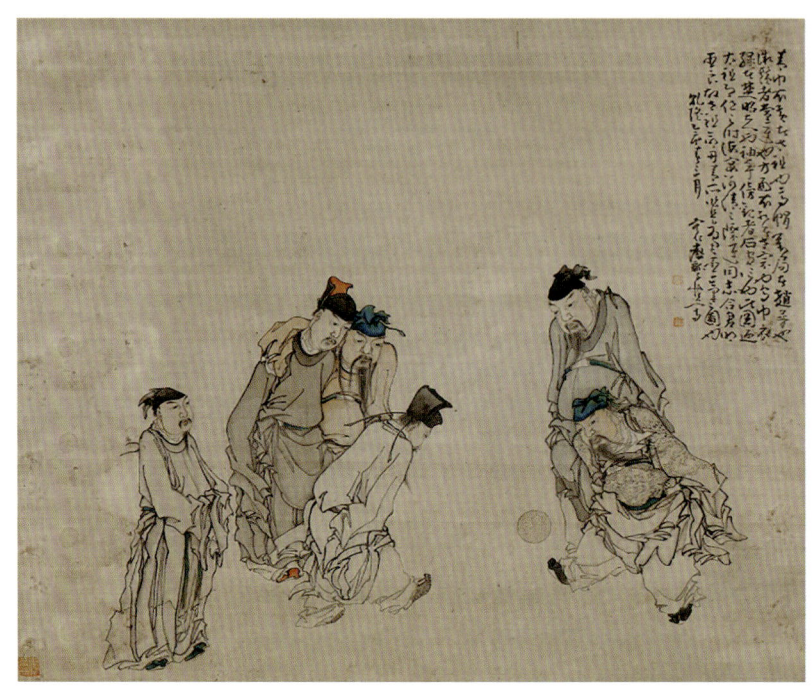

图 1-4 蹴鞠图轴

在河西边塞敦煌马圈湾烽燧遗址出土有蹴鞠实物。该蹴鞠实在太小，似乎并不是一件供成年人玩乐的真正蹴鞠，更可能是随军子女的玩具。边塞随军子女的数量非常多，在马圈湾遗址出土的简文记载有"候长匽，未使女伤凤年七岁"（《敦煌汉简》821），从简文可知，玉门候官下属的某部候长匽有个女儿名叫伤凤，年七岁。这些跟随戍卒来到边塞的小孩子们，他们成天面对的是荒漠戈壁，可以设想，在枯燥乏味的边塞军营里，正是这些小玩具给他们带来了无穷的快乐。

居延竹笛

文物简介

竹笛（出土编号：74EPT56：01），1974年出土于居延甲渠候官遗址第56号探方中。通长24厘米、外径1.8厘米、间距1.2～6厘米不等。笛竹质、管状，表面呈黄褐色。管壁开裂，正面管壁近1/3残失，留下一个参差不齐的斜面；背面保留了原有长度。笛管一端有自然竹节封闭，如笛塞。另一端洞开。封闭的一端外部以麻布绳索缠绕箍紧，并髹漆。管壁正面开孔处削成平面，在平面上并排钻孔。左起第一孔开在笛塞外侧，且紧邻捆扎之漆箍，无发音功效。第二孔应为吹孔，呈半圆形。音孔前四后一，4孔中仅2孔完整，另2孔一残留一半，一残缺更甚，仅见管壁边缘残留微弧一段。背后一孔完整，管尾出音孔残。现藏甘肃简牍博物馆。

图 1-5　居延竹笛正面

图 1-6　居延竹笛背面

阅读延伸

汉代的笛乐器

笛乐器在汉代开始被重视，无论是宫廷军乐还是民间用乐，均有笛的身影。我国最早的音乐活动可以追溯到远古时期，汉之前的音乐活动多是围绕着乐舞与民歌展开的，对于器乐的关注并不明显，自汉代开始，笛乐器才终于有了展露的机会，并且得到正式发展。

虽然笛自汉代开始才有了发展的舞台，但并不妨碍其从开始就步入发展的高峰。关于汉代笛的具体形制，现存文献中虽保留的记录不多，但从出土文物中我们可对其有大致的了解。

1974年居延甲渠候官遗址中出土的这件竹质单管乐器为七孔笛。这种单管多孔的七孔笛乐器在我国有着古老的来源，相传早在黄帝时期就已经有类似竹质吹奏乐器了。这种七孔竹笛最早流行于北方，与文献所记三孔的羌笛大不相同。学者指出："这支非同凡响的笛，可能是当时戍卒们的发明创造或模拟之作；也可能是这一时期这一地区社会交流的产物。"居延发现的竹笛说明了当时戍卒在繁杂的劳作之余还有丰富的娱乐活动。

图 1-7　奏乐图画像砖

渔 网

文物简介

渔网（出土编号：73EJT21：010），出土于甘肃省酒泉金塔县肩水金关遗址。长 500 厘米，残宽 80 厘米。该网呈姜黄色，每个网格的菱形边长约 1.5 厘米。经纤维红外检测，网格主体材质为丝，由两根丝线加捻后扭绞编织形成网状，线粗 0.05 厘米，表面光滑。现藏甘肃简牍博物馆。

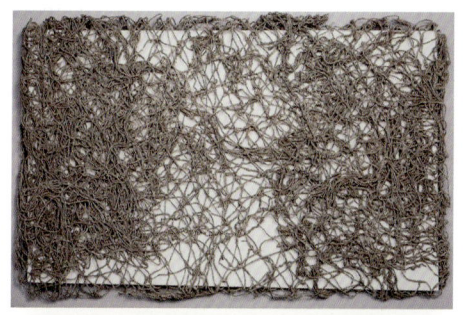

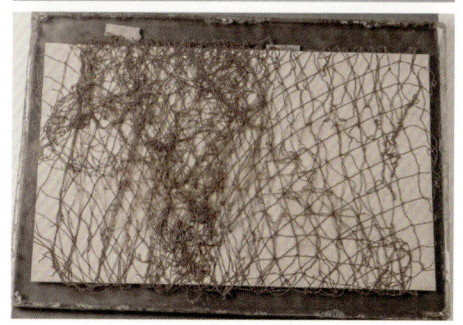

图 1-8　肩水金关遗址出土汉代渔网（局部）

图 1-9　"纶"简

图 1-10　肩水金关遗址出土汉代渔网（局部）

阅 牍 延 伸

汉代居延地区的捕鱼业

鱼是居延地区吏卒和民众较为重要的肉食来源。汉简记载表明，在汉代居延地区，捕鱼活动相当普遍，已成为居延地区民众维持生计的一种普遍方式，以获利为目的而进行长途贩鱼的经济活动也很常见，这种情况和居延地区河流湖泊产鱼的地理条件密不可分。居延地区正处弱水下游，地势较为平坦，弱水流经的地方，会形成众多沼泽湿地，而弱水尾闾就是水域面积巨大的居延海。

图 1-11　祁连山裸鲤标本

然而要从事较大规模的捕鱼活动须借助捕鱼工具。网捕就是先民们采用的一种高效率的捕鱼方式。新石器时代的遗址中曾有较多数量的陶网坠和石网坠出土。《易·系辞》中有文："古者伏羲氏之王天下也""作结绳而为网罟，以佃以渔"，说明我们的祖先早就掌握了以网捕鱼的技术。

虽然在居延汉简中未有捕鱼方式和工具的明确记载，但我们可以从居延地区汉代遗址出土的文物获得居延地区捕鱼方式和工具的相关信息。有学者指出，根据出土于肩水金关遗址的其他文物推测，甘肃简牍博物馆现藏的渔网在制作时，可能是使用织网梭从左往右依次环编的，宽度方向的两侧边缘部分为较粗的加捻棉线，并使用同种方式编织。我们虽然无法确定文物的原始尺寸，但从宽度方向的棉线编织物残留推测，文物原始宽度可能为80厘米，其中丝线编织部分宽度约为75厘米。

另外，同出土于甘肃省酒泉金塔县肩水金关遗址的《候粟君所责寇恩事》简册中提及"凡为谷百石，皆予粟君，以当载鱼就直。时粟君借恩为就，载鱼五千头到觻得，贾（价）直牛一头、谷廿七石"，证明了在当时的居延地区已经开始捕鱼并且有了这方面的商品交换。

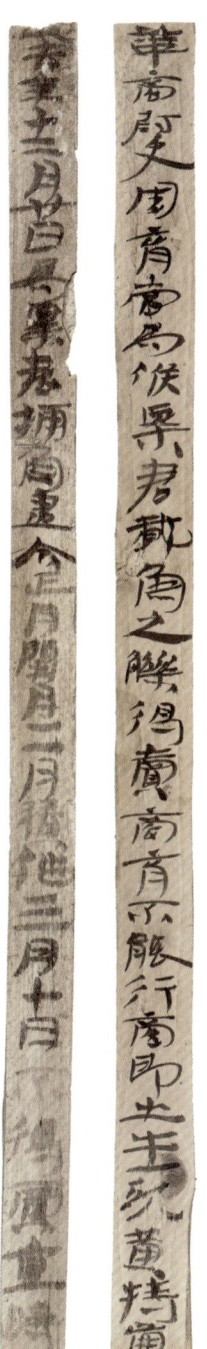

图 1-12 《候粟君所责寇恩事》部分简册

图1-13 《候粟君所责寇恩事》"捕鱼"简影

在肩水金关遗址还出土有木制织网梭1件,数量不少的同型制陶网坠等。在甲渠候官和地湾地区亦同样发掘和采集有数量不少的陶网坠。这些出土文物充分说明了汉代居延地区的捕鱼业十分发达。

图1-14 甲渠候官出土汉代陶网坠

图1-15 甲渠候官出土汉代陶网坠

帛 鱼

文物简介

丝带和帛鱼（出土编号：79DMT12：123），1979 年出土于敦煌马圈湾烽燧遗址。丝带由一粗一细的两条织物搓捻而成，略呈绿色，丝带结系后垂余的部分，未加搓捻（或虽经搓捻）而散开；帛鱼

图 1-16 敦煌马圈湾烽燧遗址出土丝带和帛鱼

主要由三部分组成，包括团状米黄色帛鱼主体、红色尖饰和红色三角形饰，红色三角形饰和帛鱼主体之间以缝线缝缀。

丝带和帛鱼中的红色、绿色和米黄色织物，均为平纹绢，经纬密度分别是 130×60 根/厘米、140×70 根/厘米和 80×45 根/厘米。采用微型光纤光谱仪对织物中的红色、绿色和米黄色等部位进行原位无损的染料分析，可知红色为茜草染成，绿色来自靛青与另一种黄色染料的套染。现藏甘肃简牍博物馆。

阅牍延伸

帛鱼文化

帛鱼的起源至今是个谜，其用途也众说纷纭，迄无定论。

除了敦煌马圈湾烽燧遗址出土的这件帛鱼外，在新疆地区的汉晋墓

葬中也有帛鱼的发现。1995年尼雅遗址Ⅰ号墓地的8号墓和营盘墓地的15号墓各出土了一件保存完好的帛鱼，前者袋体边缘缝缀红、白、绿、棕色绢条及锦条，内装有铜镜、胭脂粉包、线团、绢卷、缠绕多色彩线的线轴、皮顶针等女红用品，可能是女性的小袋；后者出土于死者腰左侧，鱼身桃形，周缘镶黄绿色绢质贴边，两头各缝象征鱼头和鱼尾的扇形黄绢和两条细长的绢带。

图1-17 帛鱼

图1-18 帛鱼

从这些考古发现的帛鱼形制可知，在汉晋时期帛鱼因功能的不同而在形制上也有所不同。敦煌马圈湾烽燧和营盘墓地出土的帛鱼更多属于装饰物，而尼雅遗址墓地出土的帛鱼形制的袋子则很可能属于生活实用物。

古人为何要以帛鱼为饰，这可能与古人认为鱼具有的神秘性和其他良好寓意有千丝万缕的联系。

首先，在我国的民俗观念中，鱼是美好富足的象征，"鱼"是"余"的谐音，"鱼"通"余"，有"吉庆有余、年年有余"的寓意，表达了人们对美好生活的向往，这种观念是否自汉代就已经产生，还需要再探讨。

其次，鱼是自然界中最为常见的水生动物，能产出大量鱼籽，有着极强的繁殖能力，而"籽"又同"子"。因此"鱼"也代表了人们对多子多福、子孙繁茂的美好期待。

最后，鱼也蕴含了古人们独特的生死观念和升仙思想，同时也承载着人们渴望灵魂不灭、生命不朽的美好愿景。在汉代的生死观中，人们迷信灵魂不灭，死后世界中可以继续延续生前世界的生活，而进入到阴间的人类往往需要一个能够沟通人间和天界的使者充当导引的角色，于是不死不灭、死而复生的人鱼就进入了人们的视野。如汉画像石中的"鱼车图"，其中蕴含了汉代人对死后成仙的向往。他们深信，脱离肉体的灵魂具有活人一样的意识，并且这个观点早已出现在商周时期的祭祀中，而鱼能自由来往于天地之间，能到达水天相接之处和东方蓬莱仙境，从而登上天界，所以鱼引导车辆，能使得人脱离了肉体的灵魂登天升仙。

图 1-19　山东邹城北宿镇南落陵村出土的"鱼车图"

钻木取火

文物简介

出火具(出土编号:79DMT4:012),1979年出土于敦煌马圈湾遗址。柳木制成的长条形木块,一端削成较厚并略向上翘的把柄,两侧钻外缺圆孔,底部呈圆弧形,一侧八个,一侧两个。孔底有烧焦痕迹。长27.3厘米、宽3.3厘米、厚1.3厘米,柄部厚2.5厘米,圆孔直径2.3厘米、深0.9厘米。现藏甘肃简牍博物馆。

阅牍延伸

考古实物和河西汉简记载表明,在汉代河西的敦煌和居延边塞地区,钻木取火是边塞屯戍吏卒日常生活中常用的取火方式。在居延边塞和敦煌马圈湾汉代长城烽燧遗址里出土有数十件钻木取火用具。此外,在汉简的守御器簿里还记载有钻木取火所用的工具如"出火遂",引火材料"茹"等。出土文物和汉简记载印证了在汉代的河西边塞地区,钻木取火是人们较为普遍采用的取火方式之一。

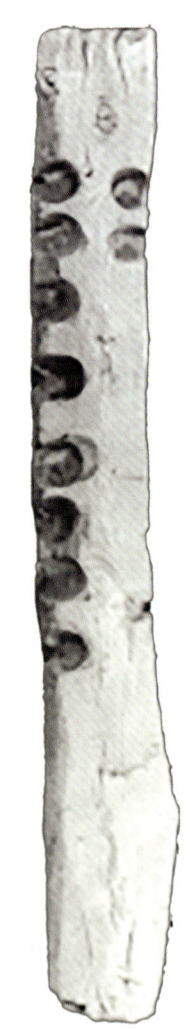

图1-20 敦煌马圈湾遗址出土出火具

火的利用在人类社会发展史上起着重要的作用。从自然取火到燧石取火、钻木取火等人工取火方式的演变，是一种巨大的进步。随着社会的发展，生产力的进步，人类在生产实践中掌握了更多的人工取火方式，如利用太阳能的阳燧取火等。在这里我们拟对两汉时期敦煌等边塞屯戍吏卒日常的取火工具和取火方式做一简要介绍。从出土实物和汉简中的相关记载可知，在汉代敦煌等边塞地区，屯戍吏卒的日常取火方式主要有钻木取

图1-21　钻木取火工具

火、燧石取火两种，此外，也可能采用了阳燧取火方式。这里我们主要介绍河西汉塞常用的钻木取火。

中国古代文献中记载的最早的人工取火者当属燧人氏。如《韩非子·五蠹》载："上古之世，人民少而禽兽众，人民不胜禽兽虫蛇……民食果蓏蚌蛤，腥臊恶臭而伤害腹胃，民多疾病。有圣人作，钻燧取火以化腥臊，而民说之，使王天下，号之曰燧人氏。"虽然这只是一个传说，但从这条记载可以知道，古人告别茹毛饮血，食用熟食的一个重要条件就是懂得利用火，进而掌握人工的钻燧取火技术，这对古人的身体健康和体质发展具有极其重要的作用。

燧人氏的"钻燧取火"属于何种取火方式，这在学术界曾引起过不小的争议。有学者认为所谓的"钻燧取火"并不是我们通常所理解的钻木取火，而是燧石取火。即钻是火钻，燧是燧石，钻与燧即火镰与火石，急剧地摩擦或撞击取火。这种否认中国古代有钻木取火方式的观点受到学者普遍质疑，如张寿祺《中国古代取火方法考证——并与阎崇年同志商榷》一文从民族学、考古学和文献学等方面详细介绍了现在各地区各少数民

族中仍遗存的钻木取火的古老方法,在考古领域中出土有钻木取火工具,以及文献中明确载有钻木取火方式。诸多证据表明,钻燧取火即是指钻木取火,这是古今中外的各族人民所熟练掌握的一种古老的取火方式。

在西北新疆地区考古出土有春秋至战国时期的钻木取火实物,如在新疆乌鲁木齐南山矿区鱼儿沟及阿拉沟东口发掘了一批墓葬群。从墓葬形制和陪葬器物等考古信息分析,这些墓葬的年代属于春秋至战国时期。在其中一些墓坑中发现有大量的供钻木取火用的钻孔木片。从这些木片上分布的钻孔来看,这些钻木片均是实用器物,应该是墓主人生前反复使用过的钻木取火工具。

在汉代,钻木取火也应是人们所普遍采用的取火方式。1980年考古工作者在新疆鄯善县苏贝希遗址的两座汉代墓葬中出土有钻木取火工具。据发掘简报,出土有取火器的墓葬年代约为公元前3世纪至公元前5世纪。三号墓地共出土有5件钻木取火器。在M3所出土的取火具为取火板,该板呈长方体带圆头,小孔内系皮条,一面钻出11个圆形印痕,两边带刻槽,长9.1厘米、宽2.8厘米、厚1.8厘米。M17出土为取火棒,锥形,粗头与取火板

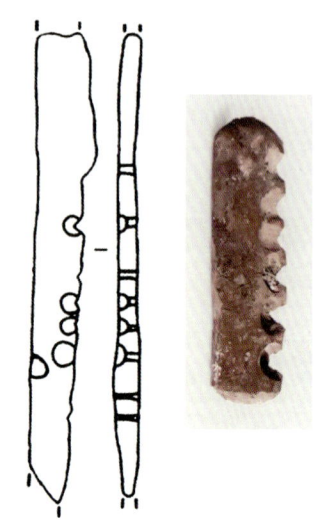

图1-22 新疆乌鲁木齐南山矿区阿拉沟墓葬出土的取火木片

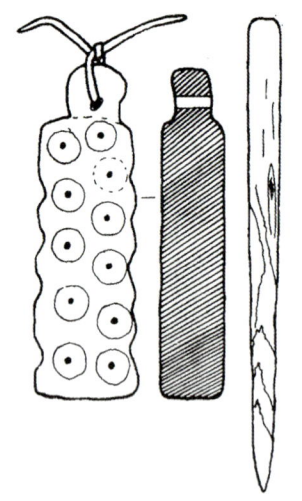

图1-23 新疆鄯善县苏贝希遗址墓葬出土的取火木板和木钻杆

上的圆孔大小一致，有炭化燃烧痕，直径0.9厘米、长12.8厘米。此外，在M27中亦出土有取火板一件，置于一老年男性腰间。除发掘简报中所介绍的这三件取火器外，尚有2件在发掘简报中未述及详情。

在汉代的敦煌边塞亦出土有取火器。据《敦煌马圈湾汉代烽燧遗址发掘报告》介绍，在敦煌马圈湾汉代烽燧遗址所出土的取火器为取火板。该板为红柳木制成。一端削成较厚并略向上翘的把柄，两侧钻外缺圆孔，底部呈圆弧形，左侧八个孔，右侧上部有二孔。孔底有烧焦痕迹。长27.3厘米、宽3.3厘米、厚1.3厘米。柄部厚2.5厘米。圆孔直径2.3厘米、深0.9厘米。

在汉代居延长城烽燧沿线出土有数量更多的钻木取火器。1930年中瑞西北科学考查团成员中的瑞典考古学家贝格曼在居延边塞除发掘了10 000多枚居延汉简外，还采获了数量众多的屯戍遗存物，这其中就有不少屯戍吏卒所使用的钻木取火器。据《内蒙古额济纳河流域考古报告》一书所记载，共发现有8件钻木取火器，其中有6件为取火板，2件为钻杆。

汉代钻木取火的具体操作方式，在文献中未有明确记载。从现遗存的钻木取火方式来看，各地区的人们所采用的材质和辅助工具各有不同。据张寿祺《中国古代取火方法考证——并与阎崇年同志商榷》一文介绍，海南乐东县黎族地区的人们普遍以一种"山麻木"为取火材料。其钻木取火的方法是首先取一根山麻木弄平，再在扁平的山麻木表面就其中部靠近边沿地方刻上一个浅浅的凹穴，在凹穴旁刻上一席浅浅的缺槽。弄好以后，把它放在地上，再用一根山麻细枝当作钻棒，人坐在地上，两只脚把刻有凹穴和缺槽的山麻木踩住，然后拿着钻棒，以一端接在凹穴上，双手用力把钻棒

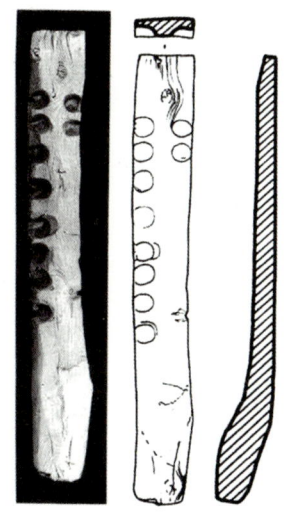

图1-24 敦煌马圈湾汉代烽燧出土取火器

搓动，钻棒急速回旋，其末端与凹穴接触处遂发生剧烈的摩擦，摩擦后凹穴里遂产生出一些木屑粉末，沿着缺槽落下，堆在缺槽的旁边，钻棒末端与凹穴不断地摩擦，凹穴遂生热，继而因热而生火花，飞出缺槽，燃着堆在缺槽旁的木屑粉末。当这些木屑粉末有烟升起之时，这便是木屑粉末开始着燃的标志。钻火者继续再钻一会儿，便迅速地用手指把这些着燃的木梢粉末轻轻地捏起，放在事先准备好的干茅草里，顺口一吹，茅草就燃起了火焰。

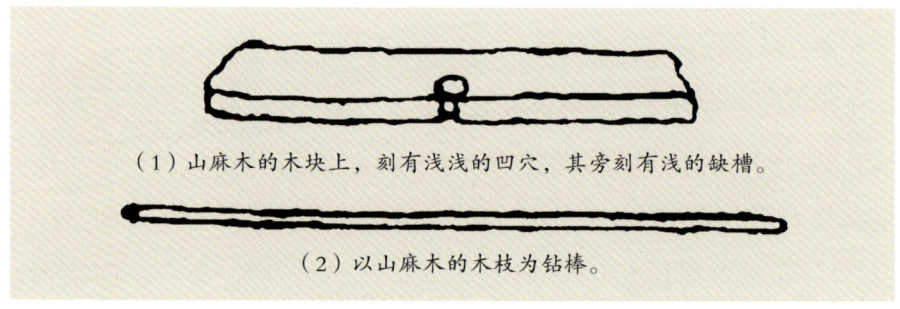

（1）山麻木的木块上，刻有浅浅的凹穴，其旁刻有浅的缺槽。

（2）以山麻木的木枝为钻棒。

图 1-25 黎族人所使用钻木取火工具示意图

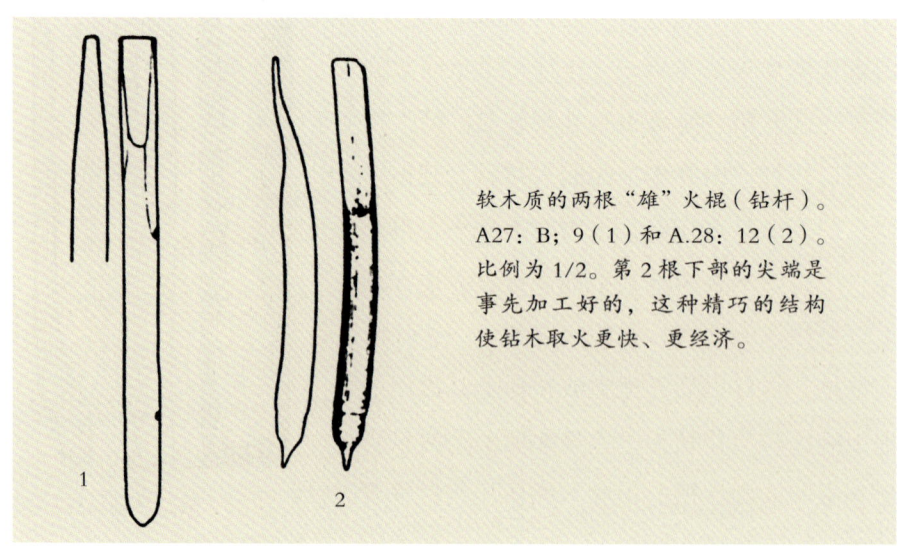

软木质的两根"雄"火棍（钻杆）。A27：B；9（1）和 A.28：12（2）。比例为 1/2。第 2 根下部的尖端是事先加工好的，这种精巧的结构使钻木取火更快、更经济。

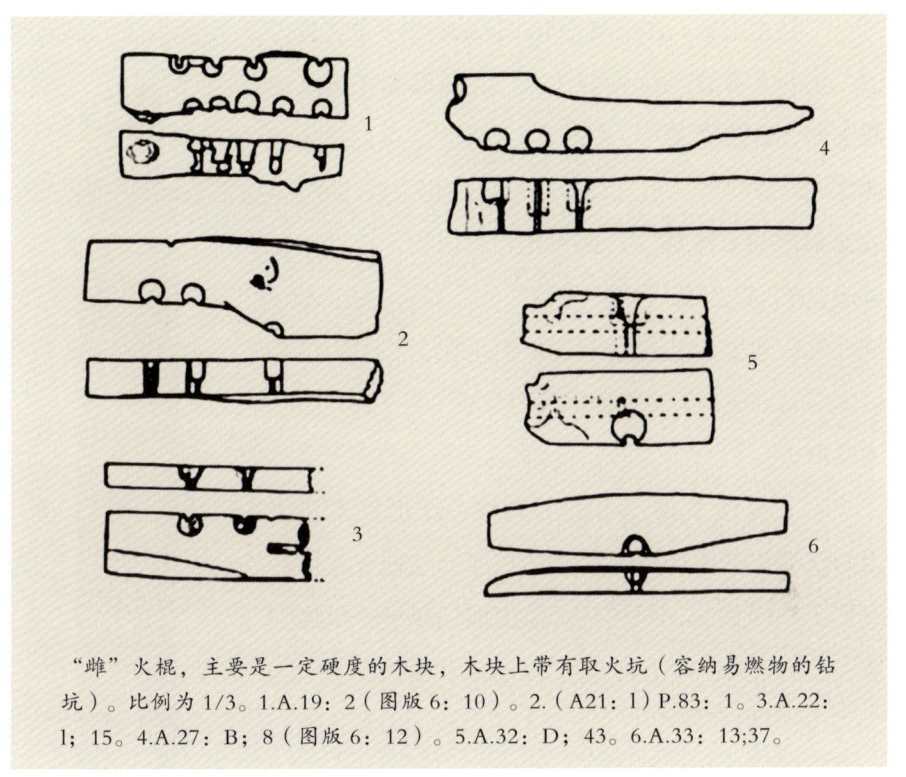

"雌"火棍，主要是一定硬度的木块，木块上带有取火坑（容纳易燃物的钻坑）。比例为1/3。1.A.19：2（图版6：10）。2.（A21：1）P.83：1。3.A.22：1；15。4.A.27：B；8（图版6：12）。5.A.32：D；43。6.A.33：13；37。

图1-26、27　居延边塞出土的取火钻杆和取火钻板

由此介绍可以知道，这种仅以双手搓动钻木杆的取火方式所需的基本原材料是山麻木，钻孔需开有缺槽，以便导引着燃的木屑。此外，还需备有易燃的干茅草。从出土的取火器实物照片来看，其取火板上的凹穴均在取火板两侧边，且凹穴均凿有缺槽与之相通，这和海南黎族的现代钻木取火板钻木位置和穴槽设计完全一样，这也是钻木取火能否成功的关键之一。钻木取火是木与木互相高速摩擦后使木屑达到燃点，即《庄子·外物篇》所谓的"木与木相摩则然"，此"然"即燃，燃烧。五代时南唐的谭峭在《化书》载"动静相摩，所以生火也"，所说的也正是摩擦生热这一原理。

"钻木取火"在文献中有不同的称法，如《论语·阳货》称之为"钻燧改火"，《韩非子·五蠹》称"钻燧取火"，《管子·轻重戊》名之"钻燧生火"，等等。这几处的"燧"均指生火之木，故又称之为"木燧"，如《礼记·内则》："右佩玦、捍、管、遰、大觿、木燧……"郑玄注："木燧，钻火也。"孔颖达《疏》引皇侃曰："阴则以木燧钻火也。"又如班固《白虎通·号》："钻木燧取火。"

　　除文献所载的"木燧"之称，近世以来出土的汉简记载表明，在汉代钻木取火这种方式还有诸多不同称法，如居延汉简中即记载有"出火遂""出火具"等名称：

　　（1）出火遂皆小（节录）《合校》311.31A

　　（2）⊠出火（楬）《合校》456.1

　　（3）出火遂二具《合校》505.10

　　（4）守御器簿：茹十斤、出火遂二具（节录）《合校》506.1

　　（5）守御器：出火具各一（节录）《敦煌》691

　　（6）出火遂一具（节录）《金关》73EJD：47

　　以上诸简分别出自居延甲渠候官、大湾肩水都尉府、肩水金关和敦煌马圈湾等汉代遗址。简的形制有签牌（楬）、封检和简札等。从简文记载可知，出火遂属于守御器，边塞各级机构如烽燧、部、候官等处皆有配备。

图 1-28　肩水金关汉简"出火遂"

简中"出火遂"即"出火燧",指钻木取火的木燧。诸例中的"具"有配置完备之义。《礼记·乐记》:"其功大者其乐备,其治辩者其礼具。"钻木取火的基本材料主要有三样,一是取火板,二是钻杆,三是引火物。简中所谓的"具"即是指钻木取火的这三种基本材料齐备。取火板和钻杆已如前所举考古出土物,惟引火物未见有出土。引火之物一般是干燥、易燃的绒草或植物纤维,如现代海南乐东县黎族地区的人们以干茅草作为引火物,而在文献中引火物则有用"艾"者。艾,又名艾蒿,多年生草本,其茎、叶可作中药,叶片柔细,晒干后可制成艾绒,用于灸疗,因艾绒易燃,故用作引火物。《艺文类聚》"火部"引《淮南子》旧注曰:"日高三四丈时,向日,持燥艾承之,寸余,有顷,焦之,吹之,则然,得火。"按郑玄注:"金燧,可取火于日。"此是以金燧取火时用干艾绒作引火物,可推知,钻木取火时的引火之物亦可用干艾草。

在汉简中所记载的引火物则称作"茹",如上引汉简守御器簿中就有"茹十斤"和"出火遂二具"并记,说明此处之"茹"是边塞各机构中必需配备的引火之物。茹有柔弱、柔软之义,如《广雅·释诂四下》:"茹,柔也。"《楚辞·离骚》载:"揽茹蕙以掩涕兮,沾余襟之浪浪。"王逸注:"茹,柔堧也。"故有专家推测,"茹的成份,约是用艾蒲絮末一类植物,经干燥、辗碎并焦焙而成,内中或掺合某种易燃物品,燃点一定很低。"河西边塞汉简所载的守御器"茹"为艾蒲絮末一类易燃的引火之物的说法是有一定道理的。

阳燧高迁

文物简介

木简两枚(出土编号:73EJT23:966、967),1973年出土于肩水金关遗址。该简基本完整,长22.7厘米、宽1.9-2厘米、厚0.2厘米,两行书写。此简或是一封下级官吏写给上级官员的书信。在信中写信人所表达的语句具有祝福收信者官职高迁之意。现藏甘肃简牍博物馆。

简牍释文

阳朔三年正月丁卯朔戊寅肩水
士吏政即日视事日直赤帝三阳长日利
以　73EJT23:966
入官视事=大吉福禄日□□□□事数得
察举阳遂高迁□□□敢言
之　73EJT23:967

阅牍延伸

阳遂既是一种取火工具,也是汉代人们常用的一种吉语。阳燧,文献中亦称作"金燧"。如《礼记·内则》:"左佩纷帨、刀、砺、

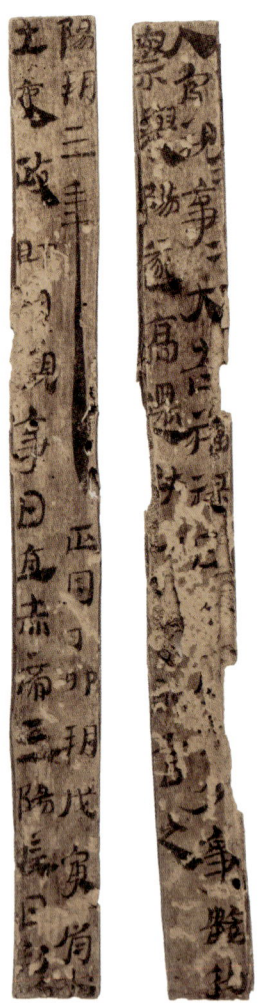

图1-29　肩水金关遗址出土"阳遂高迁"简

小觿、金燧，右佩玦、捍、管、遰、大觿、木燧……"此载君子所佩诸饰，左佩有金燧，右佩有木燧。按郑玄注："金燧，可取火于日。""木燧，钻火也。"可见，古人将取火的金燧和木燧皆作为配饰携带在身。此金燧实即阳燧。天在古人心中是神圣的，阳燧由于是向天取火，故在汉代阳燧又有了吉祥富贵之寓意。如在古代墓砖之上习见"左阳遂右富贵"之语。

在汉简中亦见有与"左阳遂右富贵"寓意相近的语句，如上文中提到的两枚木简。此二简出自肩水金关。从简文记载来看，"敢言之"一词一般是上呈公文惯用语，故此简或是一封下级官吏写给上级官员的书信。在信中写信人所表达的语句具有祝福收信者官职高迁之意。如"入官视事，大吉，福禄日"之句，"入官"指在官府任吏职；"视事"指在官府做事。"福禄"一词亦为古人惯用之吉语，如《后汉书·马武传》："有功，辄增邑赏，不任以吏职，故皆保其福禄，终无诛谴者。"简中"数得察举，阳遂高迁"亦是祝福之语。汉代选任官吏，察举为其中较重要的官吏选拔方式。阳遂高迁，意指官职高升。如前述，"阳遂"即"阳燧"，本指向日取火的铜镜，在所引汉简中则寓指富贵之意。阳燧是汉代较为普遍的取火工具，为人们所熟练使用。鉴于此，我们认为尽管现有居延汉简中没有关于阳燧取火的记录，在居延边塞也没有阳燧实物的考古发现，但并不意味着居延边塞的人们不会使用阳燧取火。商周时期祭祀仪式中以阳燧取火于天以供祭祠和占卜，至汉时，统治者还沿袭了这一传统，如《后汉书·礼仪》载："八月饮酎，上陵，礼亦如之。"注引卫宏《汉旧仪》曰："皇帝暮视牲，以鉴燧取水于月，以火燧取火于日，为明水火。"从此记载可知，至东汉时期，皇帝还在重要的祭祀活动中采用阳燧取火方式。实际上，这一传统一直沿袭至后世，如《旧唐书·礼仪志》中载："今司宰有阳燧，形如圆镜，以取明火；阴鉴形如方镜，以取明水。但比年祠祭，皆用阳燧取火，应时得。"可知，直至唐代，在朝廷有主管祭祀的司宰掌管阳燧，采用阳燧取火的方式来祭祀先祖。以此推之，在河西边塞，每年在春、秋二季的社祭仪式上人们很可能使用阳燧取火，以此表达对上天的尊崇之意。

阳燧实物在考古发掘中偶有发现,其所发掘的阳燧时代约有西周、春秋、战国、汉和唐宋时期。这些阳燧的材质主要为铜,镜面圆形,取火一面为凹形,背面凸起,有的阳燧背面铸有文字,如天津市艺术博物馆藏有一枚阳燧,其凸形背面铸有两圈铭文,内圈铭文为"宜子先(孙),君子宜之,长乐未央";外圈铭文为"五月五,丙午,火遂可取天火,除不祥兮"。需补充说明的是,今天的人们在端午节将艾草挂于房门处以驱恶避邪的习俗应源自汉代人们在五月里用阳燧向天取火,引燃艾草,以期能"除不祥兮"。

图 1-30 天津艺术博物馆藏阳燧正、背面

图 1-31 天津艺术博物馆藏阳燧铭文拓片

阳燧取火是古人较为常用也是最为便捷的方式之一。阳燧是利用铜镜的凹面聚焦太阳光产生热量取火。较早如《周礼·秋官·司烜氏》载："司烜氏掌以夫遂取明火于日。"汉郑玄注："夫遂，阳遂也。"贾公彦《疏》："以其日者，太阳之精，取火于日，故名阳遂。"孙诒让《正义》："古阳遂盖用窐镜，故《凫氏》注云：'隧在鼓中，窐而生光，有似夫隧。'"又引王充《论衡·率性》："阳遂取火于天，五月丙午日中之时，消炼五石，铸以为器，磨砺生光，仰以向日，则火来至。"可知，阳燧即是以凹铜镜聚焦太阳光线生热为原理取火。阳燧的取火方式在其他文献中亦有所记载，从前所引述《淮南子集释·天文训》旧注中可知，古时阳燧取火一般是以易燃的艾草为引火物。古人以艾草为引火之物，除艾草易燃外，还有一种可能是因为人们认为五月为恶月，需燃艾草以驱避邪毒。

燧石取火也是古代一种较为常用的取火方式。燧石今又俗称"火石"，是一种较为常见的硅质岩石，其质密、坚硬。以燧石制作的打制石器在旧时器中较为常见。学者们普遍认为原始人类最先掌握的人工取火方式是燧石相击取火法。这种取火方式源于古人在用坚硬的燧石打制各种石器时发现燧石相击会产生火星，如有合适的引火物则会生出明火。经过长期实践，古人们发现采用铁矿石与燧石相击更易获得火星。随着冶铁业的发展，后世的人们则以更为坚硬的铁制器与燧石相击取火。因铁器形似镰刀，故人们又称之为"火镰"。这种铁燧相击生火的方式一直流传到近世。

图 1-32　清代火镰

在居延地区或有敲击取火法，如出土于居延布肯托尼烽燧的一枚汉代封检上有关于出火工具的记载，其简文如下：

卅井降虏隧出火椎钻二（封检）《合校》305.17A

简出土于布肯托尼（A22），属居延边塞的卅井候官所辖。此简属于封检，所封缄之物为卅井降虏隧配备的两件出火椎钻。简文既言"出火"，是知"椎钻"与取火工具有关。

椎，指用椎敲击。《史记·魏公子列传》："朱亥袖四十斤铁椎，椎杀晋鄙。"此椎杀，即是以椎击杀之义。钻，取火的工具。《新唐书·兵志》："五十人为队……队具火钻一，胸马绳一，首羁、足绊皆三。"《慧琳音义》卷七十六"燧钻"条注："钻，取火具也。"从取火方式而言，在不同的文献中，其"钻"的含义有所区别。一种是指钻木取火的木钻，如《慧琳音义》卷二十一引《慧苑音义》"如钻燧"注曰："钻，谓木中取火。"一种是指敲击取火的铁器和燧石。那么，上引汉简中的"椎钻"究竟是指何种取火方式呢？结合前文对"椎"的分析，我们认为，此简文中的"椎钻"很有可能是指燧石取火。"椎"是动词，指以敲击方式取火，"钻"为名词，是一种合称，包括了铁器和燧石这一配套取火工具。从时代上来说，汉代的燧石取火应该采用铁制器。结合前面的分析可知，椎有敲击之义，则椎钻应指铁器和燧石敲击取火，钻在这里只能是作名词用，指铁器和燧石。

综合已有研究成果和考古实物来看，汉代河西敦煌与居延边塞屯戍吏卒日常取火方式主要是钻木取火法，这可以从河西汉塞遗存的取火工具和汉简记载得到证明。根据汉简的记载，燧石取火可能是河西边塞另一种较重要的取火方式。此外，在河西边塞虽然没有出土阳燧实物，在汉简中亦未明确有阳燧取火的记载，但从汉简文书中以阳燧喻吉祥的习语可推知，阳燧取火应当是汉代人们所熟练使用的一种取火方式。

刚 卯

文物简介

刚卯（出土编号：Ⅱ90DXT0111③:76），1990年出土于敦煌悬泉置遗址。质地为红柳，长2.9厘米、宽1.5厘米、高1.5厘米。其中穿孔贯穿于上下两面，前后左右四面皆有文字，共计32字。A面为"正月刚卯，灵殳四方"；B面为"赤青白黄，四色是当"；C面为"帝令祝融，以教夔龙"；D面为"庶疫刚瘅，莫敢我当"。刚卯是汉代比较流行的一种辟邪佩饰。此刚卯对我们研究汉代民间信仰具有重要的参考价值。现藏甘肃简牍博物馆。

图1-33 敦煌悬泉置遗址出土木质刚卯

阅读延伸

古往今来，瘟疫和人类文明一直如影相随。如何使民众不受疫灾的伤害并安居乐业，是每一位当政者都极为关心的问题。

从传世史籍记载可以看到，先秦时期至秦汉时期，疫灾频繁，给当时社会的政治、经济、农业造成了重创。不绝于史书的疫灾，往往会造成大规模人员死亡，由此引发社会大动荡。在人类历史上有几次瘟疫影响深远，甚至在一定程度上改变了一些地区社会的发展轨迹，如欧洲的黑死病和中国东汉末年的瘟疫，曾深深地影响了当时社会的发展。

在长期与疫灾搏斗的过程中，中国先辈们形成了自己独有的驱疫文化。

1. 黄金四目的方相氏驱疫

在每年年终腊月的前一天，东汉的官府都会举行大傩礼，内容繁复、氛围浓烈，表达了人们希望驱除疫病、健康长寿的美好祈愿。

旧事，岁终当飨遣卫士，大傩逐疫。——《后汉书·皇后纪》

每年在季春、仲秋和季冬之月举行傩仪，方相氏仅在季冬傩仪中出现。人们装扮成"方相氏"跳傩舞以驱鬼逐疫。

方相氏，掌蒙熊皮，黄金四目，玄衣朱裳，执戈扬盾，帅百隶而时难，以索室驱疫；大丧，先柩，及墓，入圹，以戈击四隅，驱方良。——《周礼·夏官》

从记载可以看到，方相氏具有十分独

图1-34 四川博物院藏东汉陶方相俑

特的外形，蒙熊皮、黄金四目、赤色衣裳。

除岁末腊月的傩祭外，在春三月和秋八月的社祭中也有"方相氏"，这种习俗至少流行于汉代河西边塞的居延地区。

乡至社稷神君所强饮强食方相甲渠。——《居延新简》EPF22：831

除此之外，东汉时期的官府和民众有在三月三举行"祓禊"习俗。

是月上巳，官民皆洁于东流水上，曰洗濯祓除去宿垢疢为大洁。——《后汉书·礼仪志上》

大家用春天的河水洗涤冬天所积存下来的细菌污垢，让灾厄与疾病随流水而去，新的一年里将会洁净免疫。

2. 佩戴刚卯逐鬼驱疫

除了祈祷以驱除瘟疫，汉代人也利用一些鬼神忌惮和畏惧之物以驱逐病疫，如刚卯。

刚卯是用桃木、玉石或其他材料制成的立体的佩戴物，有小型正方体和稍大些的长方体两种，后者"刻有咒文"。刚卯一般成对使用，分开时一个叫"刚卯"，另一个叫"严卯"，其上刻有文字。两汉时期，无论达官贵人还是普通百姓，都深信佩戴刚卯可以逐除疫鬼或精魅。居延出土的木质刚卯上就有此类记载：

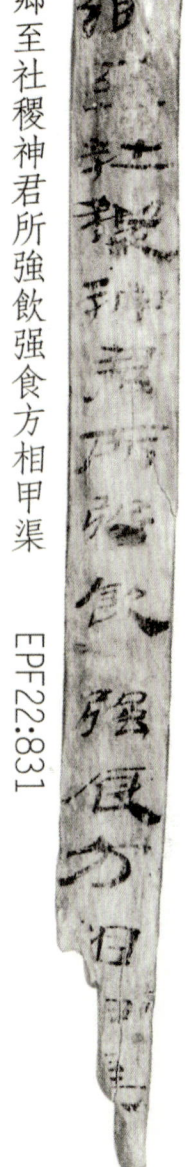

图1-35 居延出土有关"方相氏"的简

> 正月刚卯，灵殳四方，
> 赤青白黄，四色赋当。
> 帝命祝融，以教夔龙，
> 庶役刚单，莫我敢当。

这枚简出土于金关遗址，形状为长方形，文字在长方体的立体四面。人们相信佩戴刚卯可以辟邪，这些四言文句可诅咒和威吓疫鬼。这是古人对"民不疾疫""民疾疫无死"的美好祈愿。

3. 隔离治疗，建立"方舱"医院

早在汉代，为了防止疫情扩散，就已经普遍实施隔离治疗措施，并建立了独有的"方舱"医院：

> 郡国大旱，蝗，青州尤甚，民流亡。……民疾疫者，舍空邸第，为置医药。——《汉书·平帝纪》

为阻止疫病，汉时官府也派遣太医到各个地方为民众治疗，如安帝元初间会稽发生大疫，派遣"光禄大夫将太医循行疾病"。在疫情严重时，会开仓赈济、分发寒衣、下达免除灾民税赋的诏书，如宣帝颁有"其令郡国被灾甚者，毋出今年租赋"。官府还会赐予因疫灾死去的人棺木，并发放钱财，给予亡者家庭成员抚恤金等，这在一定程度上反映出当时政府对疫灾影响下的民众的人文关怀。

疫病流行引起了时人的高度重视，人们开始从不同的方面认识疫病。西汉平帝元始五年，太皇太后就针对当时阴阳不调、风雨不时颁布了《四时月令诏条》。该壁书出土于1992年敦煌悬泉置遗址坞院东北角，全部文字写在墙壁上，倒塌时朝向地面，墙体破碎。《四时月令诏条》墙壁题记是目前所见最完整的汉代生态环境保护法律文书。在继承先秦以来"天

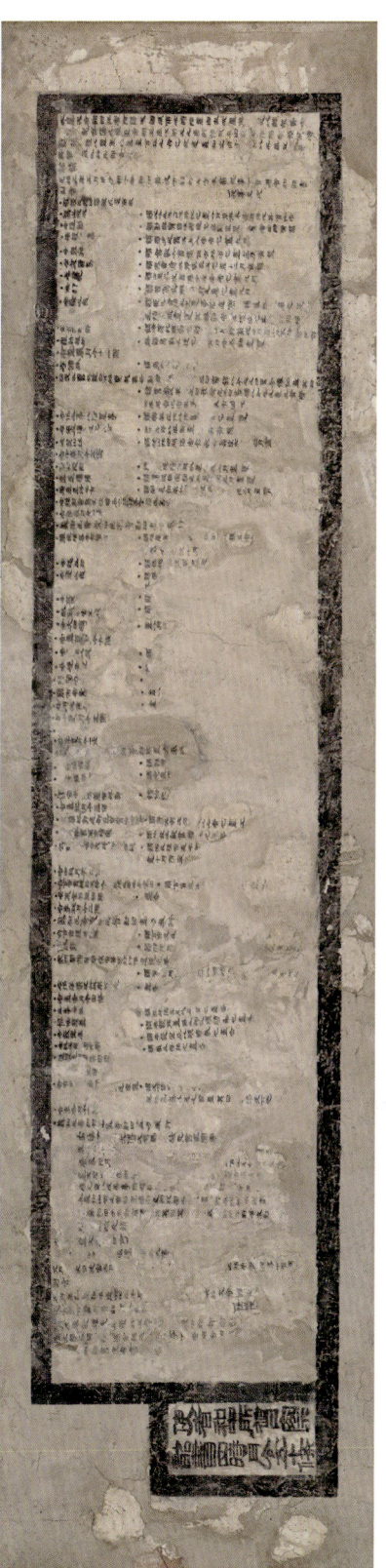

图 1-36 《四时月令诏条》墙皮题记

第一章 汉塞边关的生活日常

人合一""以时禁发""用养结合"生态观的基础上，确立了以"四时"为基础的自然时序，要求人事活动和社会生产都遵循自然四时规律，并对如何利用和保护自然资源做了明文规定，以倡导人与自然和谐共生。该壁书在孟春月令十一条中明确记载要对鸟类的尸骨进行掩埋，以防止瘟疫滋生。

瘗骼貍（埋）骴。骼谓鸟兽之□也，其有肉者为骴，尽夏。——《四时月令诏条·孟春月令十一条》

骼是指鸟兽一类的枯骨，死去的鸟兽身上还保存有肉的，称为骴。西汉时期，古人对冬季死亡的鸟类尸骨，在春天气候转暖时，都会一一掩埋，这种掩埋动物尸骨的活动一直会进行到夏季，就是为了防止死尸污染空气，造成瘟疫流行。

纵观古今，应对疫灾，各个时期方法尽有不同，但这些方法无不体现着当时独有的社会文化和先辈们的智慧。

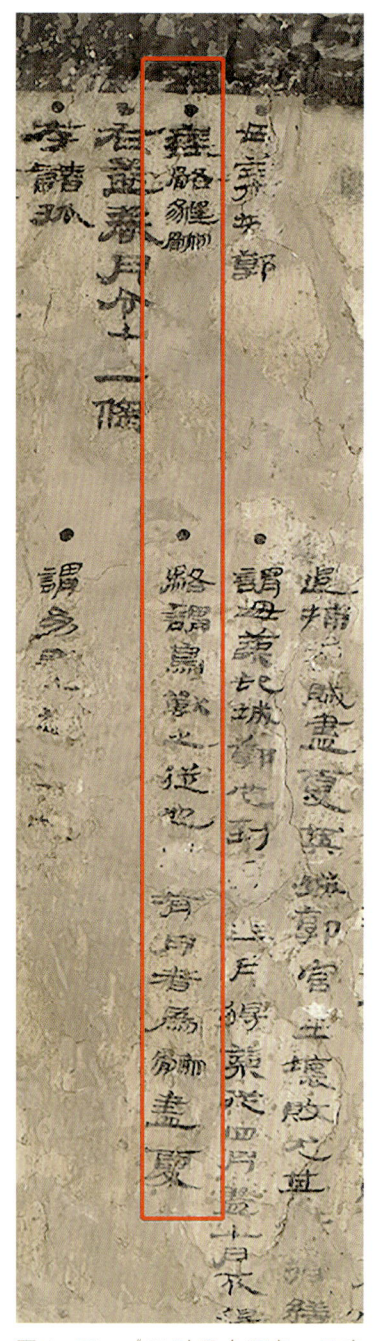

图1-37 《四时月令诏条·孟春月令十一条》

尺牍一封诉衷情

第一章 汉塞边关的生活日常

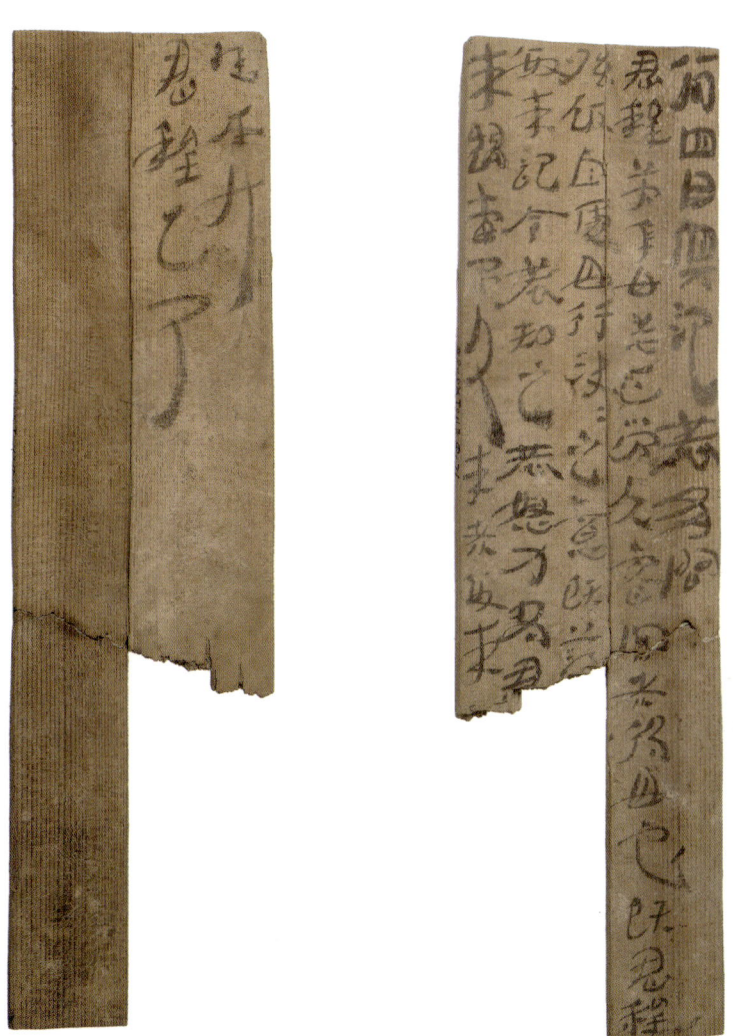

图1-38 敦煌悬泉置遗址出土木牍

文物简介

木牍一枚（出土编号：Ⅱ 90DXT0113①：71AB），1990 年出土于敦煌悬泉置遗址。该牍残断，由 3 枚残牍缀合而成，缀合后仍有残缺。长 22.8 厘米、宽 6.1 厘米、厚 0.3 厘米，左下残断，松木材质，正面五行书写，反面两行书写，共计 67 字。此牍为一封书信，写信人恭，收信人君程，由于信件不完整，双方谈话的具体内容已湮没在漫漫黄沙之中，仅留下通篇问候。这些问候语真诚质朴，字字句句体现对友人的关爱之情。现藏甘肃简牍博物馆。

简牍释文

八月四日俱记，恭多问。君程万年毋恙。甚劳久客，问者得毋它，愿君程强饭自爱，毋行决=之意，愿簿囗数来记，令恭知之，恭怒力为君囗来归当不及来者数来囗

谨再拜，君程足下。

阅牍延伸

在当代，随处可见的电子产品早已代替了车马邮件。一条消息、一通电话、一个视频，就能将信息传到大洋彼岸，更能收到实时反馈，再也不用经历写信那么漫长的过程。然而，我们眼里可有可无的信件，在

图 1-39　悬泉置遗址全景

那个"烽火连三月，家书抵万金"的战乱年代，却是无数将士们心灵的寄托，他们用一封封家书抚慰战场之苦，聊表思乡之情。

所谓"见字如面",在河西汉塞出土的数万枚简牍中,留存了不少内容丰富、形式多样、感情丰富的私人书信。相较于那些程序化的官府公文,这些珍贵的私人书信更能反映汉代河西屯戍吏卒的生活状况、日常起居、衣食住行、情感世界、人际交往及社会风气等。

解读千年简牍文献,我们可以较为全面地了解当时边塞戍卒们的生活状况。但在2000年前的普通大众眼里,边塞戍卒的生活是怎样的呢?甘肃简牍博物馆珍藏着一封因粮食短缺向在关外边塞劳作的好友求助而写的信。信中写道:

> 田子渊坐前,顷久不相见,闲致独劳,久客关外,起居无它,甚善。致忧之,今接人来积三日,粮食又欲乏,愿子渊留意,亟□□□□□

此简出自敦煌马圈湾遗址。由简文推测出写信人想向田子渊借粮食。与我们现在的书写习惯大致相同,信的开头先说了一些问候田子渊的客套话,"近些年,因为你一直在边塞劳作,我们很久没有见过面了,知道你起居无恙,我很是高兴。"紧接着写信人笔锋一转言及正事,"最近十分忧虑,因为连续三天接待来我这里的客人,粮食快吃光了,希望子渊能留心此事。"

读着这封信,我们才知道,田子渊是一名久守边塞的戍卒。在友人眼中田子渊"闲致独劳,久客关外,起居无它,甚善",故在自己粮食

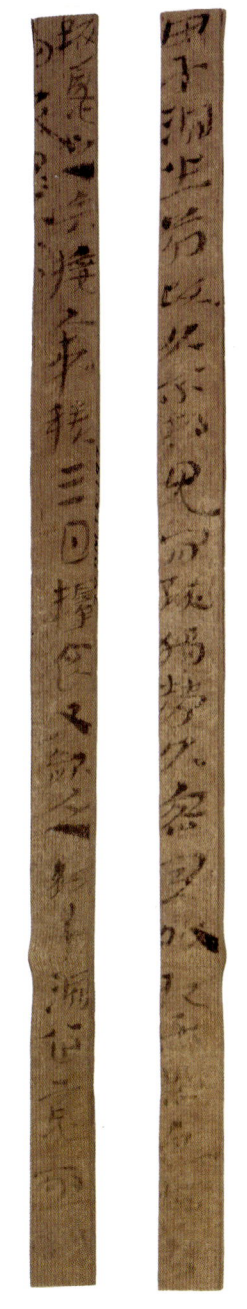

图1-40 敦煌马圈湾出土的向边关求助的书信

第一章 汉塞边关的生活日常

短缺的时候，希望田子渊能帮一把。但边塞戍卒真如这封信中所写"居食无忧"吗？甘肃简牍博物馆珍藏着一枚出自弱水河畔边塞烽燧的尺牍里则道出了边塞戍卒生活的窘迫。信中诉道：

敞叩头言，子惠容□侍前，数见，元不敢众言，奈何乎，昧死言。会敞绔元弊，旦日欲使偃持归补之。愿子惠幸哀怜，且幸藉子惠韦绔一二日耳，不敢久留。唯赐钱非急不敢道，叩头白。

从简文推测，一位姓元名敞的吏卒向好友子惠写信借裤子，并显得尤为急迫。元敞在信中并无过多寒暄，开门见山写道："我的裤子破了，需要送回家缝补，此前就想向你借裤子，但由于当时很多人都在，没好意思提出来。现在实在没有办法，厚着脸皮向你开口，希望你能可怜我，把裤子借我穿几天，一旦我的裤子补好，马上就还给你。"简文最后元敞还写道，自己现在并不急需用钱，万不得已之时，会再给子惠说的。

与友人眼中"居食无忧"的田子渊相比，元敞显然过得十分窘迫，七尺男儿，连裤子都得向朋友借，令人

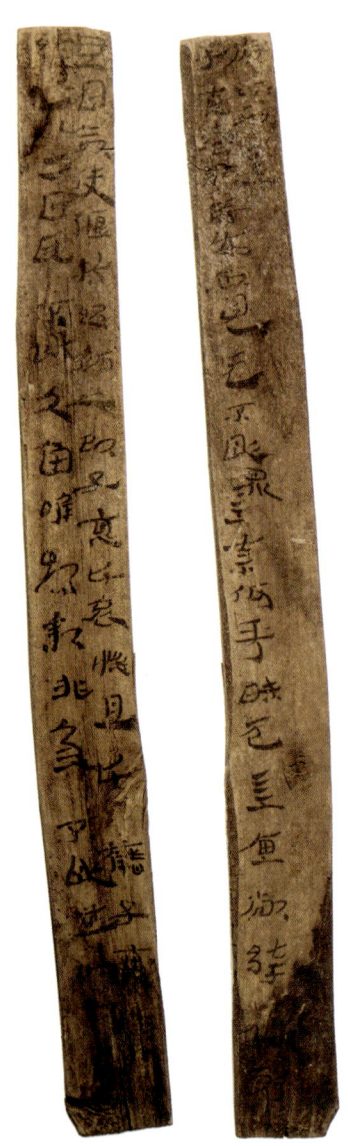

图 1-41　描述边塞戍卒窘迫生活的尺牍

图1-42 肩水金关遗址

倍感心酸。我们无法得知元敞是否借到裤子，但是短短一封信就透露出当时边塞戍卒缺衣少食的窘境。

遥想当年悠悠弱水畔，芦花飘扬，肩水金关高高地矗立在大漠落日余晖中，千载岁月黄沙漫卷，雄关不复，惟余废墟，还有尘封了千年的字里行间的孤独和思念。

对于屯戍将士们来说，边塞生活最苦莫过于难以言明的思乡之苦。甘肃简牍博物馆里还收藏有一封遗弃在肩水金关废墟之中的边塞戍卒为解塞上乏味写给友人的书信。信中写道：

伟卿足下毋恙，叩头，闲者起居无它，甚善，贤独赐正腊□……□丞问起居燥湿，叩头。伟卿强饭厚自爱，慎春气，旦莫尽真不久，致自爱，为齐数丞问甫君成起居，言归……请，叩头，因为谢。驿北尹衡叩头，塞上诚毋它可道者……

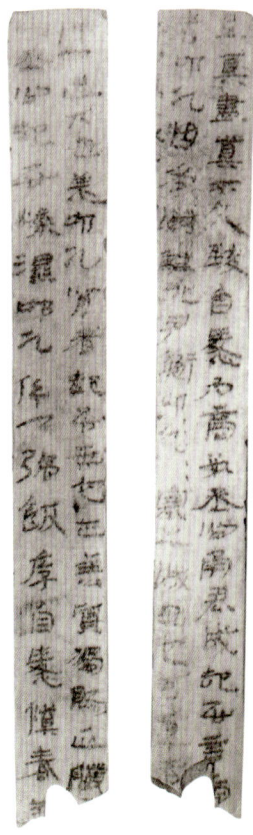

图1-43 有关边塞生活乏味的书信

从简文得知这是尹衡写给伟卿的一封问候信。信中提到的驿北，在当时属肩水候官管辖，尹衡在居延戍边，伟卿可能是尹衡老家之人。信中多处表达了尹衡对伟卿的殷勤问候，"起居燥湿""强饭厚自爱""慎春气"等，都是汉时书信中寻常问候习语。尹衡在信里的一句"塞上诚毋它可道者"，道出了边塞生活的枯燥乏味，唯有在给友人写信时，才能打发边塞生活的乏味，聊表思乡之情。

边塞实苦，生病的戍卒更是只能在信中以寥寥数语表达思亲之情。甘肃简牍博物馆藏有一封家书，遗憾的是这封家书或许从未有机会到达收信人的手中。

病，野远为吏，死生恐不相见□□毋它，昆弟与□□□

这是一封出自肩水金关的书信。写信人和收信人我们现在都无从知晓。从书写格式来看，可能是一封从未寄出的家书。写信人在信中说因自己远离家乡到边塞为吏，与家中的兄弟一别数年。"边塞苦寒，现在生病了，这一病恐怕今生无缘，只有来生相见，再做兄弟了。"一句"死生恐不相见"其悲切之情溢于言表，令人读之动容。

图 1-44 肩水金关未寄出的家书

比起自己生病,最无力的也许还是家人生病,无人照料。甘肃简牍博物馆藏有一封乞归信,虽寥寥数语,但情真意切。让人读之,不免为之唏嘘。

　　弟幼弱不胜,愿乞骸骨,归养父病☐

这是在居延肩水金关服役的某吏写给上级部门的乞归信。因为家中父亲生病了,弟弟又太幼弱,不能担负起照顾赡养的责任,故恳请上级部门能够准许其归家。抚读简文,我们可以想象到写信人得知家人生病时的焦虑不安以及想要回家照顾父亲的急切。汉代以孝治天下,这名戍边者的父亲年事已高,又有病在身,提出此归家申请合情合理。我们无法得知这名戍边者的请求最后是否被准许,但依然能真切地感受到边塞戍卒们在劳作和戍防时的艰辛与忠孝难两全的无奈。类似的书信在甘肃简牍博物馆所藏的简牍里不胜枚举。

2000年后,这些私人书信已卸下重任,不用再承载边塞戍卒们的希冀,不用传递他们的思乡之苦。很庆幸,2000年后的我们能从沉睡了千年的简牍文献里"见史、见人、见生活",真切地感受到古今相通的情感,体味到温暖的人性。

图1-45　居延肩水金关吏卒的乞归信

第一章　汉塞边关的生活日常

元致子方书

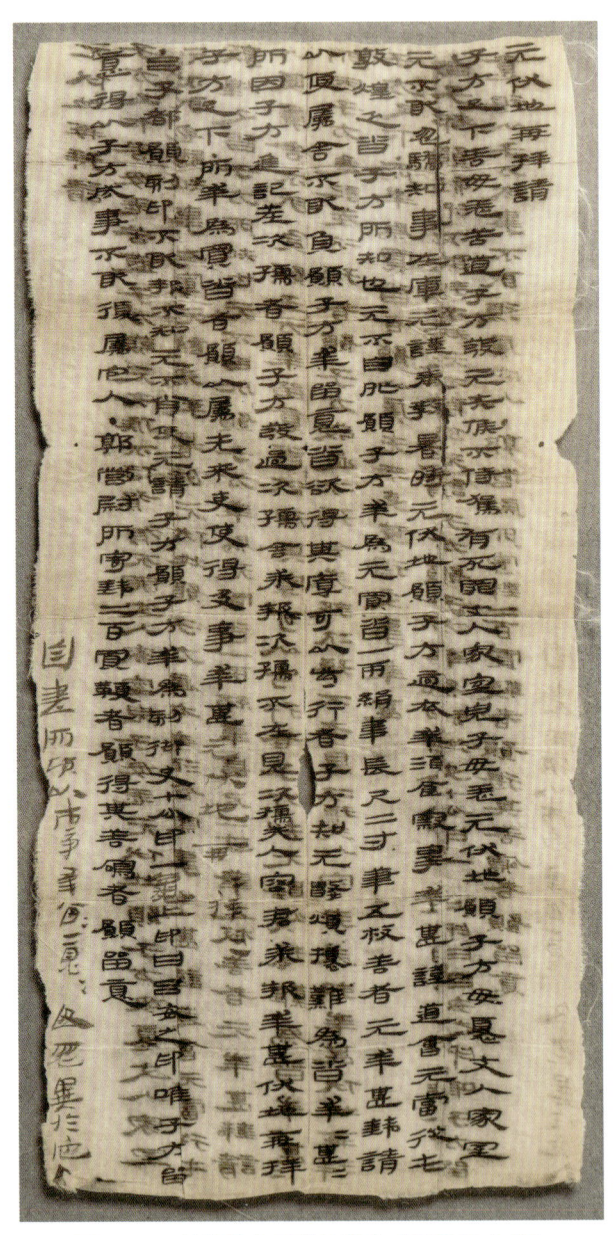

图 1-46　敦煌悬泉置遗址出土《元致子方书》

文物简介

帛书（出土编号：Ⅱ90DXT0114③：611），1990年出土于敦煌悬泉置遗址。帛长23.2厘米、宽10.7厘米，10行共计319字。帛书的内容是"元"写给"子方"的书信，故取名《元致子方书》。综合已有研究成果，帛书的可能时代为西汉晚期及汉元帝、汉成帝、汉哀帝期间，即公元前48年至公元前1年。该帛书为国家一级文物，现藏甘肃简牍博物馆。

帛书释文

元伏地再拜请：

子方足下，善毋恙！苦道子方发，元失候不侍驾，有死罪。丈人、家室、儿子毋恙，元伏地愿子方毋忧。丈人、家室元不敢忽骄，知事在库，元谨奉教。暑时元伏地愿子方适衣、幸酒食、察事，幸甚！谨道：会元当从屯敦煌，乏沓，子方所知也。元不自外，愿子方幸为元买沓一两，绢韦，长尺二寸；笔五枚，善者，元幸甚。钱请以便属舍，不敢负。愿子方幸意，沓欲得其厚、可以步行者。子方知元数烦扰，难为沓。幸甚幸甚！所因子方进记差次孺者，愿子方发过次孺舍，求报。次孺不在，见次孺夫人容君求报，幸甚，伏地再拜子方足下！所幸为买沓者，愿以属先来吏，使得及事，幸甚。元伏地再拜再拜！吕子都愿刻印，不敢报，不知元不肖，使元请子方，愿子方幸为刻御史七分印一，龟上，印曰：吕安之印。唯子方留意，得以子方成事，不敢复属它人。郭营尉所寄钱二百买鞭者，愿得其善鸣者，愿留意。

自书：所愿以市事，幸留意留意毋忽，异于它人。

阅牍延伸

图1-47 悬泉置遗址

帛书《元致子方书》详细地记载了元托好友子方代办四件事：第一件事，元在敦煌戍边值守，请子方代为购买一双尺码为27厘米（43码）的鞋，并对鞋子的质量做了要求，即鞋子应为质地如丝绢一样柔软的牛皮鞋，且鞋底要厚，耐穿，鞋买好以后请来敦煌"出差"的同事捎来即可，同时元还请子方代买五支好毛笔。第二件事，元请子方代为问候次孺，如次孺不在，烦请问候次孺妻子容君。第三件事，吕子度想请子方刻一方印章，但不好意思自己开口，故请元代为转达，元请子方给自己面子，为吕子度刻一方规格为"御史七分"、有龟钮、印文为"吕安之印"的印章。第四件事，郭营尉寄了200钱，请子方代其购买一条响鞭。

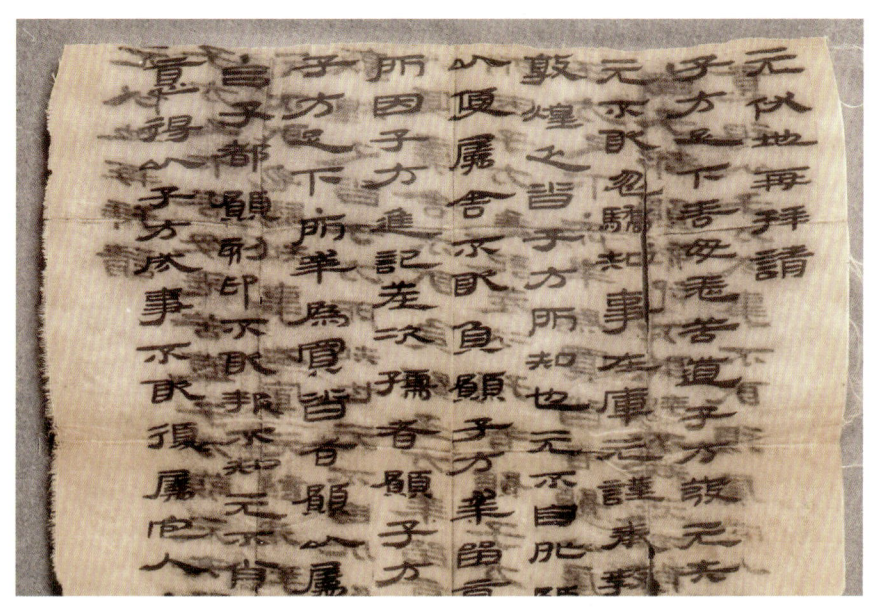

图1-48 《元致子方书》（局部）

　　《元致子方书》看似是朋友之间简单的书信往来，但其深切地反映了汉代日常用品的供给问题。从帛文推出，元是一名敦煌的基层吏员，因鞋、笔、鞭三项不属于朝廷供给范围，所以需自己置办。再者，汉代西北边塞交通极为不便，此封书信不可能寄往内地，又因酒泉郡较敦煌距离内地近，物资较敦煌丰富，故可以推断子方有可能在酒泉。

　　除此之外，甘肃简牍博物馆还藏有大量私人简帛书信，有为借裤子而思忖再三，最终落笔而成的；有因粮食短缺而向在关外边塞劳作的好友求助的；有因家中双亲生病，却不能回家探望，只能寄思亲之情于书信的；有听闻朋友升职，以书信表以祝贺的；有因记挂友人，但公务繁忙，只能以书信方式送去问候……这些私人书信为我们揭开了汉代河西屯戍

图 1-49 悬泉置遗址考古发掘现场

图 1-50 悬泉置遗址探方

吏卒的生活状况。抚读这些书信，我们既能真切地了解到当时河西汉塞吏卒的精神生活和文化活动，也可以隐约感受到他们在劳作和戍防时的艰辛与忠孝难两全的无奈。

第二章

汉简里的岁时节庆

立春：万物之中希望最美

文物简介

木牍一枚（出土编号：T.V.i.4），汉代，木质，完整。英籍匈牙利人探险家斯坦因（A.Stein）第二次中亚探险掘获于敦煌汉代长城烽燧遗址。简文属历日类文书，记载了永光五年中十二个月的朔日和大小月，以及八节的具体日期。原简现藏英国大英图书馆。

简牍释文

永光五年正月乙巳朔，大二月乙亥朔，小，二日丙子春分三月甲辰朔，大，十九日壬辰立夏四月甲戌朔，大五月甲辰朔，小，四日丁未夏至六月癸酉朔，大，八日庚辰初伏，十八日庚寅中伏，廿一日癸巳立秋七月癸卯朔，小，八日庚戌后伏八月壬申朔，大，八日己卯秋分九月壬寅朔，小，廿三日甲子立冬十月辛未朔，大十一月辛丑朔，

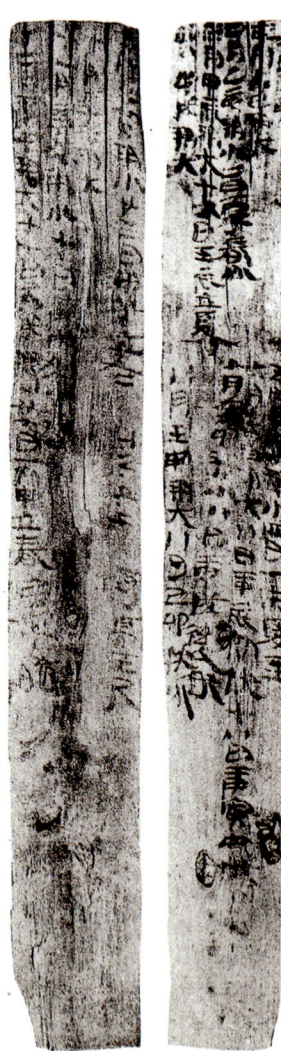

图 2-1　敦煌烽燧遗址出土木牍

小，十日庚戌冬至十二月庚午朔，大，十七日丙戌腊，廿七日丙申立春，己亥晦□高五尺。

阅牍延伸

古籍《群芳谱》讲道："立，始建也。春气始而建立也。"立春是二十四节气中的第一个节气，标志着春季的开始。立春有"一候东风解冻，二候蛰虫始振，三候鱼陟负冰"的"三候"之说，意味着万物勃发，万事可期；也意味着不负春光，砥砺前行。

立春是生长、耕耘播种的季节，谚语有"立春一年端，种地早盘算"。牛是春耕的主力，商王亥开始用牛拉车，春秋时代"宗庙之牲，为畎亩之勤"，证明牛开始用于耕田。

在"畜牧为天下饶"的两汉时期，人们尤为重视畜牧业的发展。甘肃简牍博物馆所藏汉简证明了西汉时期河西边塞地区养牛业的规模较大，那时人们已经开始使用牛耕技术，并设立厩苑对牛的毛

图一　干肉：春风里千年干肉的味道

图二　牛皮：不待扬鞭自奋蹄

图三　牛角：吹响春的号角

牛一青犗齿九岁絜八尺五寸左斩肩上　73EJT21∶426

图画　73EJT10∶430B

图2-2　藏在甘肃简牍博物馆里的"牛"

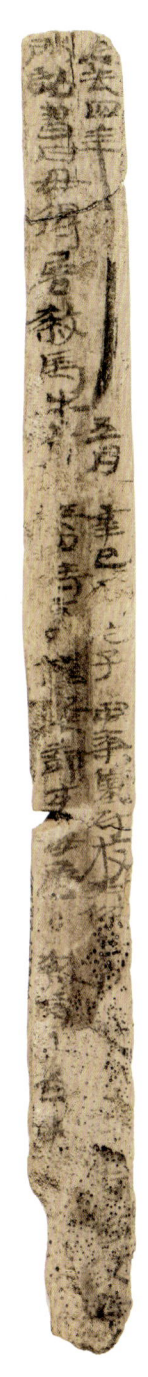

色、性别、标记、年龄等进行了详细的登记管理。

从用途上,汉简中有"力牛""田牛"之分。边塞军事系统中供骑士驱使的牛一般称"力牛",供屯田系统的牛则称之为"田牛",如简载:"□□十石六斗 以食田牛六头六月食"(303.51)。称耕牛为田牛在睡虎地秦墓竹简《秦律十八种·厩苑律》中已有记载:"以四月、七月、十月、正月肤田牛。"汉简中还有"用牛"和"服牛"的称法,指用于生产的牛,或耕地,或拉车,为人们服务。

西汉时期,农区在牛耕技术的推动下养殖牛、马等家畜,畜牧民族则"逐水草迁徙",发展游牧业。牛是当时农业生产和军事运输中的主要畜力,战马又是重要的军事力量,因此汉政府禁止屠杀牛马。甘肃简牍博物馆馆藏简牍就有关于政府颁布诏书禁止屠杀牛马的记载——"所诏书曰毋得屠杀马牛有无四时言·谨案部吏毋屠杀马牛者敢言之"。进一步反映了西汉时期对畜力的重视。

简文中除了有关于牛的记载,在肩水金关遗址出土的一枚简牍上还发现了牛的涂鸦。只见简册上画有一动物,体形壮实,长尾、两角、头粗,从所画形象来看应该是一头牛。牛是汉代最为常用牲畜之一,涂鸦者对牛的形象很熟悉,尽管画得不太生动,但牛的整体形象和局部特点画得还是很像。

图 2-3 汉时禁止屠杀牛马的简文

图 2-4 牛耕图画像砖

立夏：万物竞自由

文物简介

木简一枚（出土编号：Ⅱ 90DXT0113④：214），1990年出土于敦煌悬泉置遗址。长27.7厘米、宽0.7厘米、厚0.25厘米。此简为历日。现藏甘肃简牍博物馆。

简牍释文

壬辛辛庚庚巳巳巳戊戊丁丁丙
廿二日　　　立夏
午亥巳戌辰酉卯酉寅申丑未子
Ⅱ 90DXT0113④：214

图 2-5　历日简牍

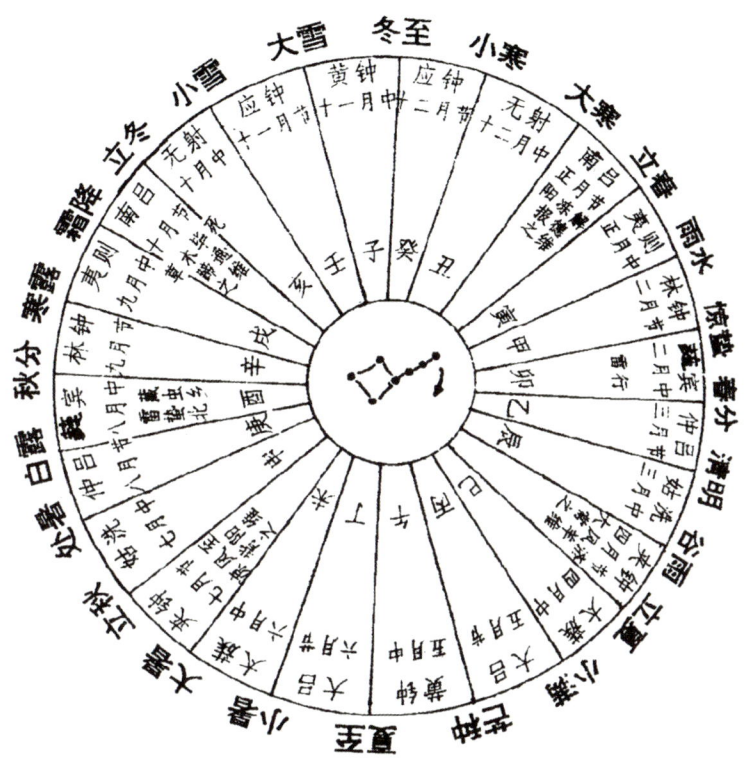

图 2-6 北斗运行定二十四节气图

一、立夏

立夏,中国传统二十四节气中的第七个节气。立夏标志着天气正式开启了热烈绚烂的夏季模式,是日,北斗星的斗柄指向东南方,五行东方为木,南方为火,东南方青木生赤火,预示着夏季已来,万物至此皆长大。

在自然界,立夏有三候,古人以三种动物或植物为候时标志,它们依次为:蝼蝈鸣、蚯蚓出和王瓜生。

立夏是万物生长的日子,在两千年前遥远的河西汉塞也不例外。

二、颁历日奉正朔

远在千里之外的长安每年岁终之月都要向全国郡县颁告来年历日正朔。中央王朝颁历的主要目的是：一方面诏告天下皇权天命神授，另一方面用以指导庶民百姓依岁时节令从事农耕生产，以免耽误农事。这种通过颁历日正朔来向天下宣示其正统性和君权神授的方式，数千年一以贯之，一直行至清朝灭亡。

御史守属大原王官　元凤元年九月己巳假一封传信行磨日诏书亡传信　外二百七十九

此简为传信副本，简文大意是说王官在奉诏前往敦煌传送历谱的路上将作为凭证的传信给弄丢了。御史大夫奉诏颁行历日，御史属官王凤持传奉命到地方官府颁行历日正朔，由于王凤丢失了传信，故官府对传信的丢失情况进行了登记，以便追查传信下落。"外二百七十九"是御史大夫所发传信的编号。"元凤"是西汉昭帝刘弗陵年号，"元凤元年"是公元前80年。《汉书·昭帝纪》载："八月，改始元为元凤。""九月己巳"，据陈垣《二十史朔闰表》，元凤元年九月己巳朔，知御史大夫发出颁行历日诏书的时间

图2-7　汉时有关奉诏颁行历日的简牍

是九月初一日。我们知道,古代中国各王朝在年终之月均要颁行来年的历日正朔。如《吕氏春秋》载:季秋之月"为来岁受朔日"。高诱注云:"来岁,明年也。秦以十月为正,故于是月受明年历日也。"此"季秋之月"即是九月。西汉初期沿袭秦《颛顼历》,以十月为岁首,九月为岁尾。故亦当在九月颁行来岁历日正朔。汉武帝太初元年(公元前104年)采用太初历,以春正月为岁首,冬十二月为岁尾。据简文推测,西汉政府改历之后,仍采秦及汉初在季秋九月颁行来岁历日正朔之制。如上引悬泉汉简所记即是在元凤元年九月初一日颁行来年历日。当然还有一种可能。由于是年八月改始年号为元凤,故朝廷有必要重新颁行以元凤元年为名的历日,这样,简文所记的"历日"就不是来岁元凤二年的历日,而是元凤元年的历日。这仅是一种推测,因为按常理,既然是八月改元,那么就应该是在改元之月,即八月颁行历日。综合考虑,此处的历日是指来岁的历日正朔更有可能。

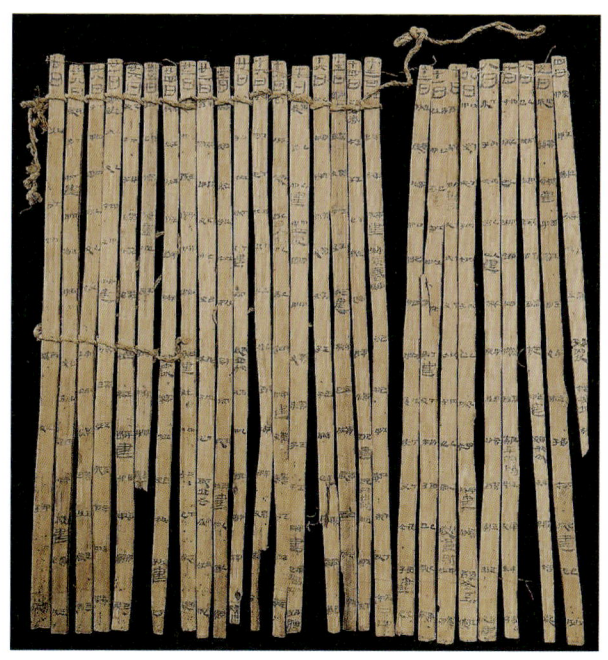

图 2-8　汉历书简册

图 2-9　三月甲申日立夏（公元前 69 年 5 月 10 日）　　图 2-10　夏水以灌之　　图 2-11　泾渠延袤溉田簿

　　回到两千年前的西汉时期，当时还没有将二十四节气全部纳入历谱，历谱中最常见的是用以确定时间坐标的八个节气：立春、春分、立夏、夏至、立秋、秋分、立冬和冬至。

　　当年敦煌地区的人们就是以这册历谱为参照，循着春种、夏长、秋收、冬藏的自然规律，日出而作，日落而息，在戈壁荒漠之上创造出一片片绿洲。

　　自西汉中期以来，西汉王朝在河西边塞进行了大规模的持续不断的屯田活动，开沟引渠，春播秋收，夏长冬藏，日复一日，年复一年，在无数戍边役卒、移民的辛勤劳作下，河西地区的农业生产水平得到了极大的提高，所生产的粮食和草料保证了来往于河西走廊的中外使者、商贾和驼队的饮食。万千戍卒百姓的艰苦付出保障了绵亘万里丝绸之路的畅通无阻。

 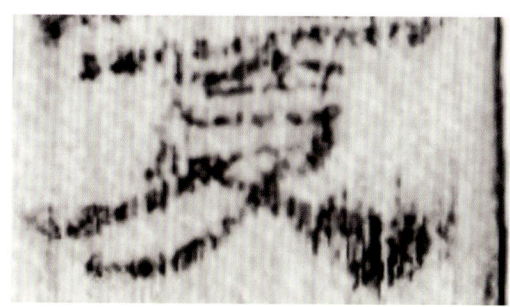

图 2-12 夏

图 2-13 "立""夏"二字的演变

立秋：秋祀社祭正当时

文物简介

木牍一枚（出土编号：79DMT6：85），1979年出土于敦煌马圈湾汉代烽燧遗址。长6厘米、宽0.7厘米、厚0.1厘米。此为阳朔元年（前24年）历日，包括了月份、月朔、大小月、节气以及节的干支。简文下部残断，但文字可根据徐锡祺《西周（共和）至西汉历谱》补齐。如此，第二栏文字应有"十月甲戌大癸未立冬十一月甲辰小己巳冬至"。如此，是年为公元前二十四年。夏历七月壬子日即初七日立秋，八月丁酉日即二十三日秋分。十月癸未日即初十日立冬，十一月己巳日即二十六日冬至。现藏甘肃简牍博物馆。

简牍释文

☐七月丙午小壬子立秋　十月甲戌

八月乙亥大丁酉秋分　十一月甲辰☐

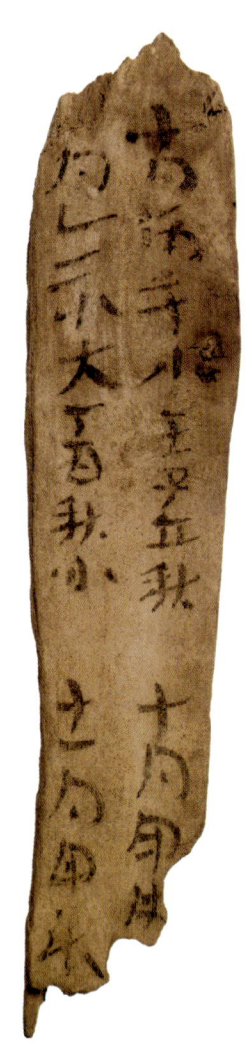

图2-14　敦煌马圈湾烽燧遗址出土木牍

阅牍延伸

秋祀社

古代社祭源远流长，商代甲骨辞中已有社祭的记载，西周有邑、里社祭，至汉发展为由朝廷、郡国、县、乡各级政府组织的社祭和地方基层里组织的民间社祭。在汉河西边塞驻屯地区，社祭也是一项重要的祭祀活动，这在河西汉简中有着明显的反映。

从汉简记载来看，"社祭"也是边塞驻屯地区最重要的祭祀活动之一。社是土地神，社祭是与农业生产关系紧密的，祭社神的主要目的是祈求风调雨顺，来年有好的收成。从汉简里可以看出，汉边塞之所以把社祭作为一种重要的祭祀活动，其主要的原因在于祈求屯田能够取得很好的收成，边塞的社祭仍然是与农业生产有关的一项祭祀，这和史书记载的"军社"应该是有所不同的。如下简：

（1）建武八年三月己丑朔，张掖居延都尉谌、行丞事城骑千人躬告、劝农掾禹，谓官、县，令以春祠社稷，今择吉日如牒，书到，令丞循行，谨修治社稷，令鲜明。令丞以下当　　EPT20.4A

这是一份由都尉府下发到候官的有关春祠社稷的通知。从简文记载可知，边塞社祭先由"劝农掾"选择好举行社祭的吉日后向都尉府报告，都尉府则再向其下属候官发出社祭通告。通知要求候官吏员需认真对待此次社祭活动，做好相关准备工作。"劝农掾"是管理边塞屯田事务的吏员，可见边塞社祭和屯田密切相关。

史籍记载，社祭日一般在春二三月或秋八九月间举行两次。汉代社祭的具体月份，史籍记载不一。或说在二月、八月，如《后汉书》志第九《祭祀下》："二月、八月及腊，一岁三祠。"或说在三月、九月，如《汉书·五行志》注引张晏曰："民间三月、九月又社，号曰私社。"从汉简记载来看，社祭也分春、秋二祭,具体月份则有三月(EPT20:4A)、八月(EPF22:156)、九月(EPT59:173)。关于社祭的具体日期史籍记载不一,或曰该月的戌日或曰在午日。但从汉简记载来看,有在八月己巳日社祭的记载,与文献记载并不一致。如下简文:

(2)八月廿六日己巳,直成,可祠社稷。　EPF22:156

"直成"即是指己巳这天正值建除十二神中的"成",因此把这天作为社祭之日。至少从此例可以看出,汉代边塞地区的社祭形式已经融入当时流行的择日观念。这也可以从其他简文所记得到印证,如上面所引简文"今择吉日如牒",也表明社祭日的确定并不是固定不变,而是先看哪天是适合社祭的吉日。从相关简文可知,都尉府要求主持社祭的"侍祠者"需事先"斋戒",举行社祭以"谨敬""鲜絜(洁)""约省"(EPT22:161)。

从简文记载来看,边塞举行社祭,吏卒均需出钱和粮物。如简文:

(3)买葱卅束,束四钱,给社。　32.16
(4)……奉千二百　出钱百四社计……　25
(5)又社贷千二百七十　EPT52:185

从以上诸例可以推测,边塞举行社祭活动时,吏卒皆需出钱、粮物,如果没有,则需从官府借贷,看来这应是一种强制性规定。

吏卒上交社祭的钱、粮物,个别官吏也会趁此机会中饱私囊。如简文:

(6)建始元年九月辛酉朔乙丑,张掖太守良、长史威、丞宏,敢告居延都尉卒人言:殄北守候塞尉护、甲渠候谊,典吏,受致麛、饭黍肉,护直百卅六,直百卅二。五月五日谊以钱千五百偿所敛吏社钱,有书。护受社麛不谨。谊所以钱千五百偿吏者,审未发觉,谊以私钱偿□罪名。书到,如[律令]　EPT52:99

此简是汉成帝建始元年（前32年）九月张掖太守经居延都尉的公文回复，其中说到殄北守候塞尉护和甲渠候谊二人利用职务之便私吞吏卒上交的社祭财物，后被查处。

吏卒所交的社钱诸物除了作祭祀供品外，其他的大概就是用于参加社祭人群吃喝了。《汉书》卷四〇《陈平传》："里中社，平为宰，分肉甚均。里父老曰：'善，陈孺子之为宰！'平曰：'嗟乎！使平得宰天下，亦如此肉矣。'"里中社祭时，陈平为宰，负责分肉给参加社祭之人，由于分肉公平，得到大家的称赞。此外，社祭之日还有其他教育活动，如下简所记：

（7）社日众人尽坐，为卿＜向＞，明读爰书、约京＜束＞、令，卿＜向＞＝尽知之。217

社日这天除了吃喝玩乐，官府也借此对聚集的民众进行政策宣传，所宣讲的内容有"爰书""约束""令"等各项规章制度，要求大家熟记于心。

社祭之坛也需要修治。如简文：

（8）卖社下贱平所市一钱以上及发养所作治饮食若涂墍社皆不庄事＝平一石谷赏以社　218

简文中的养即供养、奉养之义。《玉篇·食部》："养，具珍羞以供养尊者也。""发养所作治饮食"意即提供社祭时的食品。庄有严肃、庄重、恭敬之意。《论语·为政》："临之以庄，则敬。"刘宝楠正义："庄，严也。"《韩非子·外储说左下》："季孙好士，终身庄，居处衣服，常如朝廷。"亦此意。《玉篇·艹部》："庄，敬也。"《集韵·阳韵》："庄，恭也。"悬泉汉简有："七月庚申，敦煌太守弘、长史章、守部候修仁行丞事，谓县，写移：使者称县置谨敬庄事，甚有意，毋以谒，劳书到，务称，毋解随，如律令。掾登、属建、书佐政。"（Ⅱ90DXT0216②：

876）涂塈即修治粉刷之意。涂塈社皆不庄事，即修治粉刷社祭之坛时，如果不庄重不严肃则会受罚。

汉简对社祭的供具也有所记载。如下简：

（9）对祠具：鸡一，黍米一斗，稷米一斗，酒二斗，盐少半升。　10.39

不同级别的社祭有不同的祭品，如《后汉书》志第九《祭祀下》载太社之祠用太牢，郡县用羊豕。汉简所记为鸡、黍米、稷米、酒、盐。

在居延新简中，我们还可见到居延边塞举行社祭时所撰写的祈祷辞，从祷辞可知，清酒、肥猪、黄白黍米等也是社祭中重要的献祭品。

（10）□肥猪社稷神君所清酒白黄　EPF22：832

（11）□今进孰清酒饭黍白黄人禺　EPF22：830

（12）□社稷神君所君且所阳方令宰人杀享　EPF22：544

（13）乡至社稷神君所强饮强食方相甲渠　EPF22：831

（14）☒神君方相☒　EPF22：866

（15）胡虏犯甲渠塞神强饮强食再拜☒　EPF22：835+836

上列六简均出土于甲渠候官编号二二的房址内，书体相同，内容相近，故推测此六简当属同一简册，所记为社祭所用之祝祷辞。下面对简文略作疏通。

简（10）中"肥猪"作祭祀社稷之用。商周时期，猪与牛羊组合的祭祀周代称之为"太牢"，猪与羊组合的祭祀称之为"少牢"。《礼记·王制》载："天子社稷皆太牢；诸侯社稷皆少牢。"祭祀所用的猪、牛、羊等牺牲的选择均有一定的标准。《墨子·明鬼下》讲到夏商周三代之王祭祀时即称："必择六畜之胜腯肥倅，毛以为牺牲。"《淮南子·时则训》："乃命宰祝，行牺牲，案刍豢，视肥臞全粹。"秦汉以降，猪用于各种祭祀，主要是因为秦汉时期猪的饲养很普遍。正如《淮南子·氾论训》载："彘为上牲者，非彘能贤于野兽、麋鹿也，而神明独飨之，何也？以为彘者，家人所常畜而易得之物也。"

简中四处"神君"均指社神。《韩非子·说林上》："涸泽蛇将徙，有小蛇谓大蛇曰：'子行而我随之，人以为蛇之行者耳，必有杀子；不如相衔，负我以行，人以为我为神君也。'"《史记·封禅书》："神君最贵者曰太一，其佐曰太禁、司命之属。"可见，战国秦汉时即已称神异或神为君。居延简中"神君所"指供立社神之所。春秋时，社神有"社宫"之称，《左传》哀公七年，"曹人或梦众君子立于社宫"。杜注："社宫，社也。"社宫即举行社祭之所。简文"……祠社所行人□迁徙"（EPT43：175）中"祠社所"亦证甲渠塞候官有社神祠。

简（11）中"清酒"和《周礼·酒正》及睡虎地秦简"马禖祝"中的"清酒"一样，供祭祀之用。简（11）中"孰清酒"指精酿而成的清酒。按，《荀子·礼论》："非顺孰修为之君子，莫之能知也。"杨倞注："孰，精也。"《备急千金要方》载："美清酒和炒服之。"此"美清酒"之"美"和"孰"均是对清酒质量的说明。

简（11）中的"饭黍白黄"。《礼记·内则》："饭：黍、稷、稻、粱、白黍、黄粱，稰、穛。"郑注："黍，黄黍也。"孔疏："此饭之所载，凡有六种，下云白黍，则上黍是黄黍也。下言黄粱，则上粱是白粱也。"此简和简（10）中的"白黄"当指白黍和黄黍。

简（11）中"人禺"即"人偶"，《战国策·齐策三》："有土偶人与桃梗相与语。"《史记·孟尝君列传》作"见木禺人与土禺人相与语，"知"偶"可通"禺"。按，人偶即偶人，以木或土为之。《史记·殷本纪》："帝武乙无道，为偶人，谓之天神。"正义："偶，对也。以土木为人，对象于人形也。"《史记·酷吏列传》："匈奴至为偶人象郅都。"索隐案："谓刻木偶类人形也。"陈盘《粗制木偶》曾归纳古代木偶有"象人""象神""明器""厌胜""桃符"五类。在河西边塞遗址中出土有大量学界所称"辟邪"的木面人简，此简上端削成人头形绘以人面，下端削成尖榫形。木面人简和上简中的"人禺"是否有关系尚需证明。

简（12）中"宰人"，主膳者。《春秋公羊传》"膳宰"条，何休注："主宰割肴膳者，若今大官宰人。"《汉书·五行志》："与驺奴宰人游居娱戏。"师古曰："宰人，主膳者也。""杀享"，通"粲享"，分发酒肉之义。《说文·米部》："粲，糳粲、散之也。"段注："粲本谓散米，引伸之，凡放散皆曰粲。亦省作杀。《齐民要术》凡云杀米者皆粲米也。孟子曰：'杀三苗于三危。即粲三苗也。'"享，指酒肉之类。《淮南子·泛论》"牺以十二牛"条，高诱注："酒肉曰享，牛羊曰牺。"秦汉以降，春、秋二季皆举行社祭。此简中"宰人杀享"的意思即指社祭仪式结束后由宰人负责给参加社祭的人们分发酒肉。《汉书·陈平传》载："里中社，平为宰，分肉甚均。"即是说里社社祭时，陈平任宰人，主切分散肉。

简（13）中"强饮强食"为祭祀时的祝辞。《周礼·考工记》载天子祭侯之礼其辞曰："惟若宁侯，毋或若女不宁侯不属于王所，故抗而射女。强饮强食，诒女曾孙诸侯百福。"据郑注，天子祭诸侯之辞大意是说其先祖因有功德而侯，如果后人不具其德，则夺其侯。如有其德，则善饮善食，后世可续为诸侯。睡虎地秦简"马禖祝"则作"勉饮勉食"。

简（13）（14）中的"方相"或即"方相氏"。按，方相氏之名，见于《周礼·夏官》："方相氏狂夫四人。""方相氏，掌蒙熊皮，黄金四目，玄衣朱裳，执戈扬盾，帅百隶而时难，以索室驱疫。大丧，先柩；及墓，入圹，以戈击四隅，驱方良。"据此记载可知，方相氏具有十分独特的外形："蒙熊皮，黄金四目，玄衣朱裳。"方相氏的职能是"索室驱疫"和"大丧驱方良"，即以驱鬼为目的。"时难"即"时傩"，按时节举行傩仪。按《礼记·月令》载，每年在季春、仲秋和季冬之月举行傩仪，方相氏仅在季冬傩仪中出现。由居延新简记载可知，两汉时方相氏亦出现在社祭仪式上。

简（15）中"胡虏犯甲渠塞"指匈奴人进犯甲渠塞。"神"即"神君"，在这里指社神。春秋时期，社神已具有军队保护神之意。随军队而行的社神称作"军社"。《左传》襄公二十四年载楚使臣赴齐时，"齐社，搜军实"，即在社神检阅军队、车徒及军器。这表明，齐国的社神原来除了一般的"神力"之外，还与军事有关。各诸侯国军队外出征伐的时候，"社"主要随军而行。春秋末年，卫国任大祝之职的子鱼曾经说："祝，社稷之常隶也。社稷不动，祝不出竟（境），官之制也。君以军行，祓社衅鼓，祝奉以从，于是乎出竟（境）。"可见社神在君主率军旅出征时，要先祭社，并且杀牲以血涂鼓，然后大祝奉社主从军而行。军主的社主之神称为"军社"，《周礼·小宗伯》谓小宗伯之职守之一是"若大师，则帅有司而立军社，奉主车"，所提到的"主车"，即载社主之车。《周礼·大祝》载"大师，宜于社，造于祖，设军社，类上帝，国将有事于四望，及军归献于社，则前祝"，所谓"宜于社"，就是祭祀社神以求其福宜。社神所给予的福佑则通过祭社者"受脤"的方式来表达。《左传》闵公二年载："帅师者，受命于庙，受脤于社。"脤，即《说文》"祳"，谓"社肉盛以蜃，故谓之祳"。祭社完毕，主祭者将祭肉分赐，受脤就是接受了社神所赐予的福佑。此简所记载的大概也是社祭时的祝辞之语。在军事塞防要地，甲渠候官所立之社神，除庇护当地人民农业丰收外，其另外一个职能即是庇佑甲渠塞在抵御胡虏进犯时取得胜利。从这点来理解，则边塞的社神具有"军社"的功能也是可能的。

关于居延边塞社及社祭的情况学者们已根据传世文献记载及简牍有了较全面的研究。这几枚有关"社稷"简文的发现，可以为深入探究居延边塞社的形式、性质及社祭的祭品、程序、祝辞和参与人员等提供新的材料。

立冬：穿针引线备衣忙

文物简介

木牍一枚（出土编号：73EJT32∶40），1973年出土于酒泉市金塔县境内汉肩水金关遗址。木牍残断，仅存上端小部分，长5厘米、宽1.5厘米、厚0.3厘米。从残存简来看，此木牍当分数栏书写，所记内容为节气所在月日。现藏甘肃简牍博物馆。

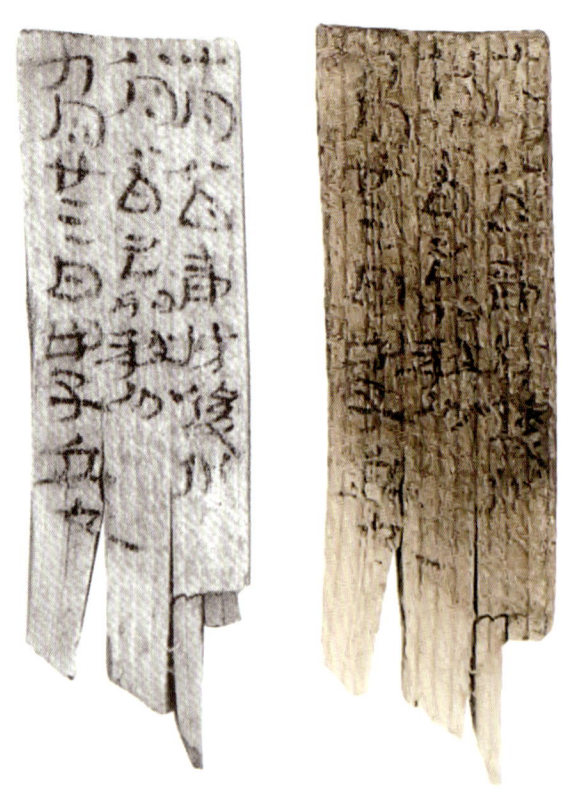

图 2-15　肩水金关遗址出土木牍

简牍释文

七月八日庚戌后伏

八月八日己卯秋分

九月廿三日甲子立冬

阅牍延伸

立 冬

十月的敦煌，戈壁已渐寒，天将黑时飘来了片片雪花。

敦煌城外的田地里，女子赵负还在忙碌。雪花漫天，她赶紧收拾农具，驾着牛车回家去。收拾停当夜已深。她取出针线，剔亮油灯，继续赶缝着复衣絮裤。赵负瞄了一眼简上的历日，十月初七就立冬了。今年的天似乎比往年更加寒冷，才十月初一就下了雪，这场雪比往年来得早了些。不过让她高兴的是，向乡里提交的申请获批，马上就可出关了。赵负禁不住又盯着简册看了看，十月初三出关，那就是后天啦！

想到戈壁滩上值戍的夫君欣，整日忙于堆积薪，伐茭食驿马。马上就到立冬，今夜千秋燧的丈夫，还一身单薄，赵负不禁打了个寒战。她剔了剔灯花，一针一线密密缝。

今夜的大漠戈壁月隐星晦，朔风雪飘，但敦煌田舍的这一缕灯光，足以温暖玉门关外，千秋燧长欣，那一双满是干茧的手！

图 2-16　小方盘城遗址

冬至：一阳始生

文物简介

木简一枚（出土编号：73EJT32∶9），1973年出土于肩水金关遗址。长23.7厘米、宽1.3厘米、厚0.6厘米。此简为横读式，根据历日编联，推测此历日简册共32枚。最右边一简当书有"元凤五年历日"一类文字，第二简从上至下分栏书有"一月小""二月大""三月小"等十二月大小。余简顶端从右至左分别写有"一日""二日"至"三十日"。然后按顺序罗列历日，将一年的日干支排列出来。现藏甘肃简牍博物馆。

简牍释文

丙　乙　乙甲甲癸癸壬　壬辛辛庚
廿四日　　　德　　　　　冬至
申　丑　未子午亥巳戌辰酉卯　申

阅牍延伸

冬　至

从"冬至"节气这一天起，我国开始进入"数九寒天"时节，民间俗称"进九"。冬至是二十四节气中的第二十二个节气，也是冬季的第四个节气。"冬至"

图2-17　肩水金关遗址出土木简

这天，阳光几乎直射南回归线，是北半球一年中白天最短、夜晚最长的一天，古称"日短"或"日短至"。

冬至是北半球白天最短，黑夜最长的时刻，在中国传统文化里属于阴极而阳始生的时刻，即所谓的"一阳生"。对于冬至的阴极至一阳生的特点，古人们将其对应于周易十二消息卦的复卦，复卦是三阴坤卦和二阴一阳的震卦，雷震而预示春阳萌动。正所谓"天时人事日相催，冬至阳生春又来"。

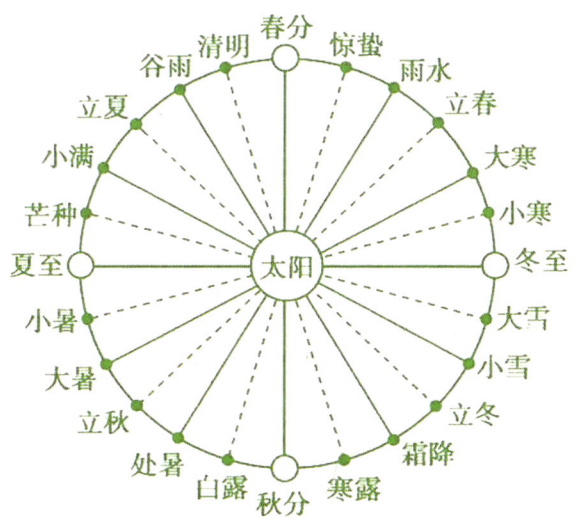

图 2-18 二十四节气示意图

汉代冬至的腊祭

在敦煌卷子里，记载了唐宋时期的敦煌人如何过冬至节。《郑余庆书仪》载："元正、冬至日，在已上二大节，准令休假七日，前三后四日。"冬至节放假数日，真是好福利，令人羡慕！

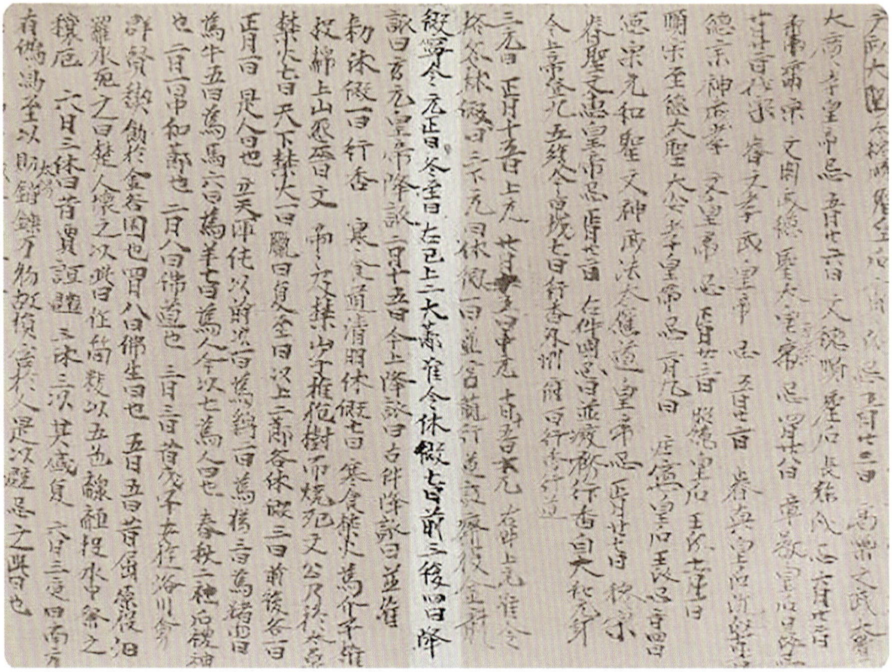

图 2-19 郑余庆书仪

唐时，朝堂官府、上下官属之间拜贺之礼自是不可少，亲朋好友聚会宴饮更是必须。就是寺院的佛教信徒们也会在冬至这天举行宴会欢度节日。

敦煌汉塞冬至日则不饮不贺。

在先秦，以冬十一月为正月，以冬至为一年之始。《汉书》载"冬至阳气起，君道长，故贺"，日南之至，预示着春阳将至，人们自然要在冬至这天热烈庆贺。到汉武帝采用太初历，以今正月为岁首后，冬至和岁首分离，冬至节即单独作为一个节日沿袭下来。《后汉书》载有"冬至前后，君子安身静体，百官绝事，不听政，择吉辰而后省事"，汉代以冬至为节，此日官府要举行祝贺仪式，例行放假，官吏们互相贺冬。冬至节的习俗不断发生变化，如六朝时称冬至为"亚岁"，这天人们要拜父母长辈。在宋以后，冬至节这天人们举行祭祀先祖和神灵的活动，沿袭至今。随着传统习俗的日渐消亡,除了在冬至节这天吃饺子这一习俗外,其他的恐早已不复存在了。

那么在汉代,河西边塞的戍边吏卒们是如何过冬至的呢?遗憾的是,在数万枚汉简记录中没有发现关于吏卒们过冬至的记载,这种情况说明在汉代,冬至庆贺似乎还仅限于朝廷和官府中,对于普通的民众而言,冬至只是历日上的一个时节,对于百姓来说冬至最实际的作用是指导农事收藏诸事。

当然,汉简记载了河西边塞民众的其他重要节日,如腊祭就是非常重要的仪式,上引敦煌汉简中记载有"十七日丙戌,腊"即是其例。腊即腊祭,祭百神,在冬至后的戌日举行。《说文》:"腊,冬至后三戌腊祭百神。"

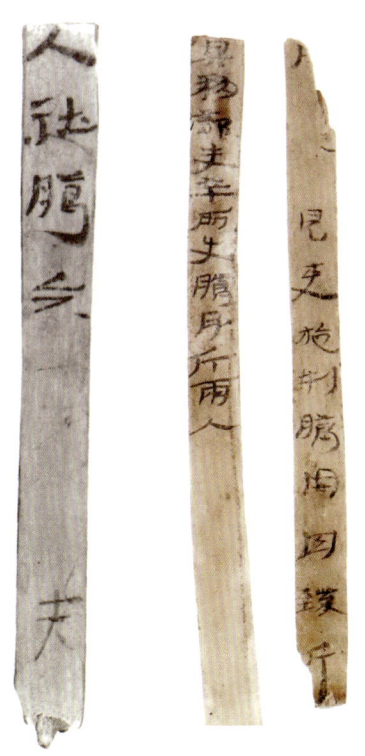

图2-20 简文中关于"腊祭"的记载

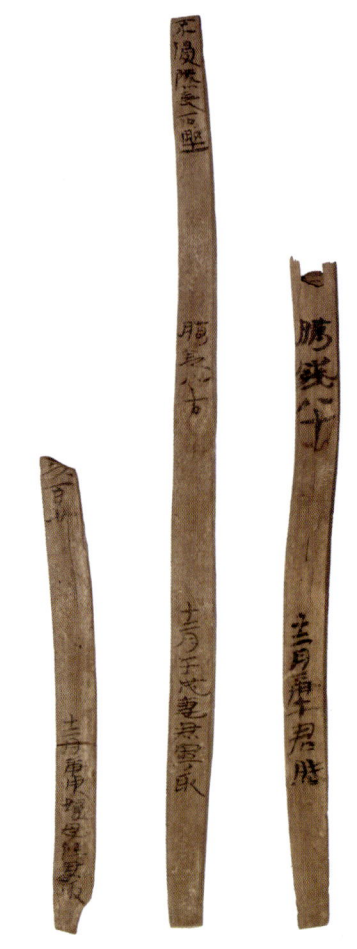

图 2-21 "腊祭"发放腊钱的记载

一种观点以为,今日之腊八节即源于古之腊祭。

腊祭是河西边塞的全体吏卒,包括罪徒(如"施刑"徒)都参与的集体性祭祀活动,算得上是普天同庆了。

在腊祭这天,官府要给登记在册的人员,包括徙边的罪犯都要发放腊肉若干斤,腊钱八十,这些钱肉可由本人或家属去领取,或母亲、或妻子、或子女、或同事。

如前介绍的那样,冬至作为我国传统的二十四节气之一,其实是有着古老的渊源和深厚文化根基的,只不过随着现代文明发展,冬至在大多数城市和地区已更多成为一个记忆符号,既没有了神圣的仪式感,也没有了相互庆贺的喜悦之情,更没有先秦沿袭下来的放假的好事了,有的只是留存心底的家人团聚一起吃饺子、汤圆或喝羊肉汤以暖身的期盼了。俗云"冬至不端饺子碗,冻掉耳朵没人管",吃,成为了这个节日重要的事项,当然在一些地区如潮汕,冬至这天人们还会举行祭祖聚饮的仪式活动。

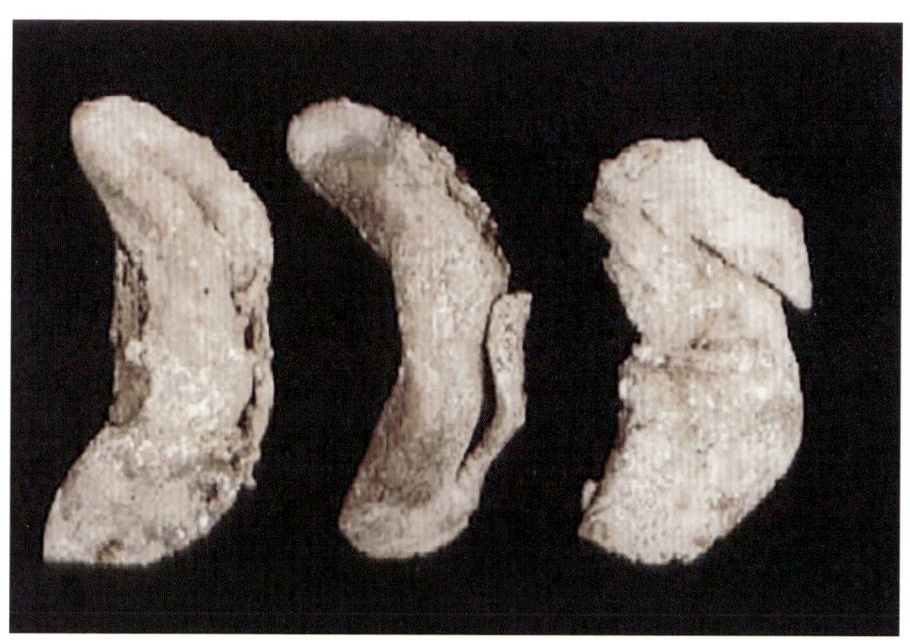

图 2-22　唐代饺子

大寒：君子行役苦

文物简介

木牍一枚（出土编号：T.XV.a.i.1），汉代，木质，完整。英籍匈牙利探险家斯坦因（A.Stein）第二次中亚探险掘获于敦煌汉代长城烽燧遗址。此简内容属于历日类，罗振玉、王国维《流沙坠简》归入术数类。简文正反面书写，为永元六年历日，罗列了每月大小、朔日、八节及建除等禁忌诸项。原简现藏英国大英图书馆。

简牍释文

十二月大　　十六日戊辰平全　　七月廿七日壬午开天李

□日癸丑建大寒　十七日己巳平全八魁　廿八日癸未闭反支

□日甲寅除八魁　十八日庚午定反支□　廿九日甲申建□

☑□　十九日辛未执　卅日乙酉除　1968A

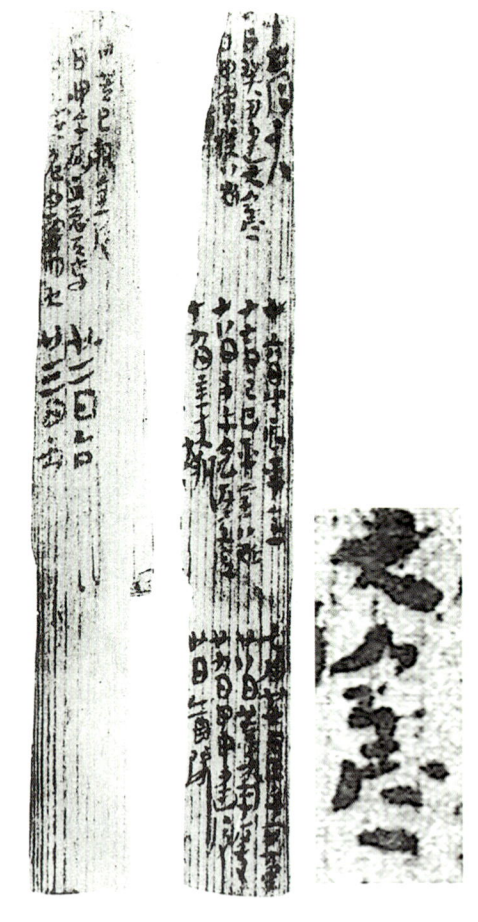

图 2-23　敦煌汉代长城烽燧遗址出土木牍

十日癸巳执□□
十一日甲午破血忌天李　　廿二日乙巳
□二日乙未危白□□□　　廿三日丙　1968B

阅牍延伸

小大之寒

小寒是二十四节气中的第23个节气，也是冬季的第5个节气；是时斗柄指子；太阳黄经为285°；冷气积久而寒，天气寒冷但尚未到极寒。

民谚有"小寒时处二三九，天寒地冻冷到抖"的说法，即是说小寒节气正处在二九和三九时段，正是南北地区都处在寒冷时节。《月令七十二候集解》有"小寒，十二月节。月初寒尚小，故云"之说，也有"一候雁北乡，二候鹊始巢，三候雉始鸲"的"三候"之说。

在我国北方地区，小寒比大寒还冷，有"小寒胜大寒，常见不稀罕"之说。《授时通考》有"大寒为中者。上行于小寒。故谓之大""寒气之逆极，故谓大寒"的记载，也有"一候鸡乳，二候征鸟厉疾，三候水泽腹坚"的大寒"三候"之说。

大寒是全年二十四节气中的最后一个节气。每年公历1月20日前后，斗指丑，太阳到达黄经300°时，即为大寒。大寒时节，中国南方大部分地区平均气温多为6℃至8℃，比小寒高出近1℃。"小寒大寒，冷成一团"的谚语，说明大寒节气也是一年中的寒冷时期。过了大寒又立春，即迎来新一年的节气轮回。

图 2-24　历日相关木牍

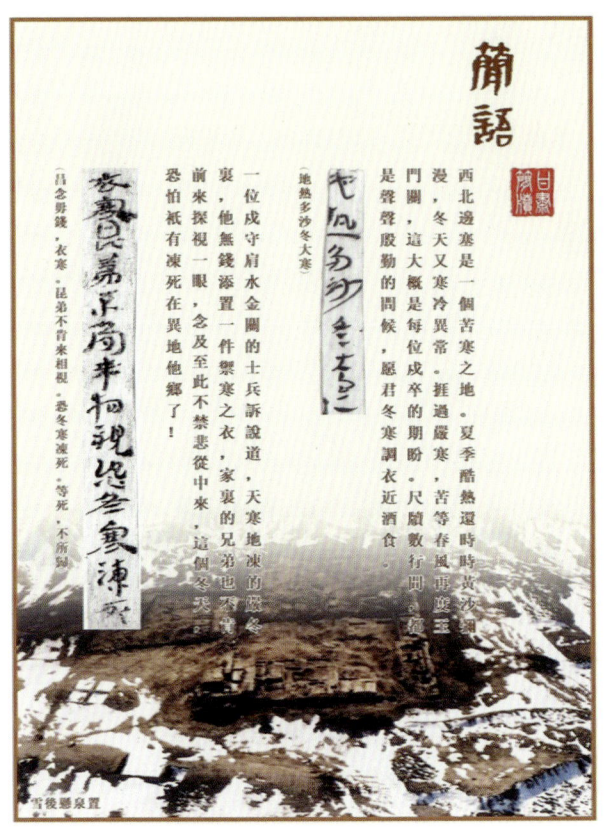

图 2-25 雪后悬泉置

2021年1月20日，农历庚子年腊月初八，既是二十四节气的"大寒"，又是传统"腊八"节，正可谓"数九寒天大地凝，谷粟和豆腊八粥"。

在数九寒冬里，捧着热气腾腾的五谷米粥，我们既感慨将士们戍边的艰辛，又感谢天地赐予万物。愿你三冬暖阳春不寒，一路都有良人伴。

节气里的日常

河西边塞，苦寒异常，出门在外，狂风裹挟沙尘，是常有之事。"二月中送使者黄君，遇逢大风，马警（惊）折死"，这是悬泉汉简中记录的，送使者途遇狂风，马受惊而死。

敦煌汉简《风雨诗》描述了河西沙尘暴来临时遮天蔽日、飞沙走石的景象。

秋去冬来，小寒如期而至，弱水河畔、疏勒河中，到处是金黄的芦苇，还有散在大漠戈壁中的胡杨，戍边的士卒们裹紧袍衣，在戍所四周继续日复一日地杂役劳作。二十四节气，是他们理解季节轮替和气候变化的一种方式。

那么，什么是二十四节气呢？可以先从一首《节气歌》开始：

春雨惊春清谷天，
夏满芒夏暑相连。
秋处露秋寒霜降，
冬雪雪冬小大寒。

这是一首二十四节气歌。按顺序为立春、雨水、惊蛰、春分、清明、谷雨、立夏、小满、芒种、夏至、小暑、大暑、立秋、处暑、白露、秋分、寒露、霜降、立冬、小雪、大雪、冬至、小寒、大寒。春、夏、秋、冬四季每季各六个节气。

二十四节气是中国古人经过长期观察天象和物候，在农业生产实践中总结出来的一套时间知识体系。二十四节气反映了季节、气温和物候的变化，指导人们一年四季的农事活动。

二十四节气不仅在农业生产方面起着指导作用，同时还影响着古人的衣食住行，并由此形成了形式多样内容丰富的习俗。

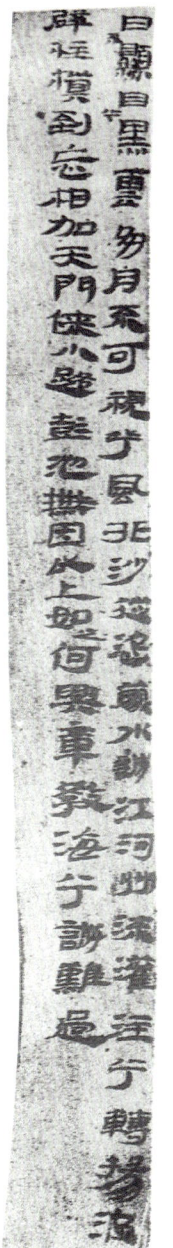

图 2-26　敦煌汉简《风雨诗》

我国自古就是一个农业国家,其历法的制定自然要满足农业上的春种夏长秋收冬藏四季特点。二十四节气就是基于此出现的。

节气从本质上来看,是属于太阳年。二十四节气将一太阳年分为二十四分,这样就能比较准确地反映一年四季的气候变化,也能更好地指导农业生产活动。

八节的确立是二十四节气形成过程中最为重要的阶段,因为这是二十四节气中的八个确立点。四时八节的确立都是建立在对天象的准确观测基础上。

一般认为,二十四节气的形成有一个逐步完善的过程。一种看法是节气最初起于两分(春分和秋分)。一种观点是起于两至(夏至和冬至)。前者是基于对星象的观测,后者则是对日影的测量所得。

这两种说法都有道理。早在新石器时代的彩陶上就已经出现了诸如太阳、月亮、星等图案,这表明古人早已开始有意识地观测天空中的星象变化,进而确立时空坐标,推算岁时。在武丁时期的甲骨文中就已有"火""鸟"等星名的记载。"火"也称大火星,即现代文学中的"心宿二(天蝎座 α 星)",大火星每年到了昼夜平分(春分)之时,傍晚刚从东方地平线上升起,至秋分之时,大火星隐没不见。古人们通过长期观测大火星出没规律,即可确定两分之时。

夏至是一年中白昼最长的一天,冬至是一年中白昼最短的一天。

从天文观察和测量来说,古人们很容易测得这两个时点。在甲骨卜辞中有"立中",即是立表测影之法。在《周礼·地官·大司徒》中就记载有以土圭测日影:"以土圭之法测土深,正日景(影),以求地中。"

至西汉时,二十四节气完全确立。其中以《淮南子·天文训》记载较为详细。说十五日为一节,以生二十四时之变。冬至,小寒,大寒,立春,雨水,惊蛰,春分,清明,谷雨,立夏,小满,芒种,夏至,小暑,大暑,立秋,处暑,白露,秋分,寒露,霜降,立冬,小雪,大雪。

图 2-27　河南登封观星台

西汉武帝太初元年（前 104 年），采用邓平等人制定的《太初历》，此历为阴阳合历，第一次将二十四节气确定下来，并列入到历法中来，明确了二十四节气的天文位置。

从此，二十四节气历代相沿用，用以指导农业生产不违时令，按节气安排一年的农事活动，春播，夏长，秋收，冬藏，周而复始，四季轮回。

塞上甚苦寒

大寒，一年中的最后一个节气。大寒之寒，真是如此。

遥想两千年前西北偏北的边关汉塞。在大寒的时节，正如诗中所言："将军角弓不得控，都护铁衣冷难着。瀚海阑干百丈冰，愁云惨淡万里凝。"在这天寒地冻的天气中，猛将力士冻得连弓都拉不开，更别说再穿上一身冰冷的铁甲铠衣，铁甲之中的冰塞，现在想想都让人直打哆嗦。

图 2-28　地热、多沙、冬大寒　　　　　图 2-29　戍边人手抄日历

这是敦煌戍守边塞的人抄写的一份永元六年日历，简上所记为十二月（即腊月），癸丑日这天正好是"大寒"。

图 2-30　戍边人的悲惨自述

"乘故隧，昌念毋钱、衣寒、昆弟不肯来相视，恐冬寒冻死，等死，不所归死"，天寒地冻，身无分文，无一件御冬之衣，这已够让人心塞，更寒心的是，那亲兄弟却也不肯来看我一眼。在这寒冷的冬天，恐怕只有冻死在这边塞上了，多么想能死在家里！

有多少戍边的士卒们，曾经在冰天雪地的戍所，盼着亲人来探视，送来一件暖暖的衣袍。

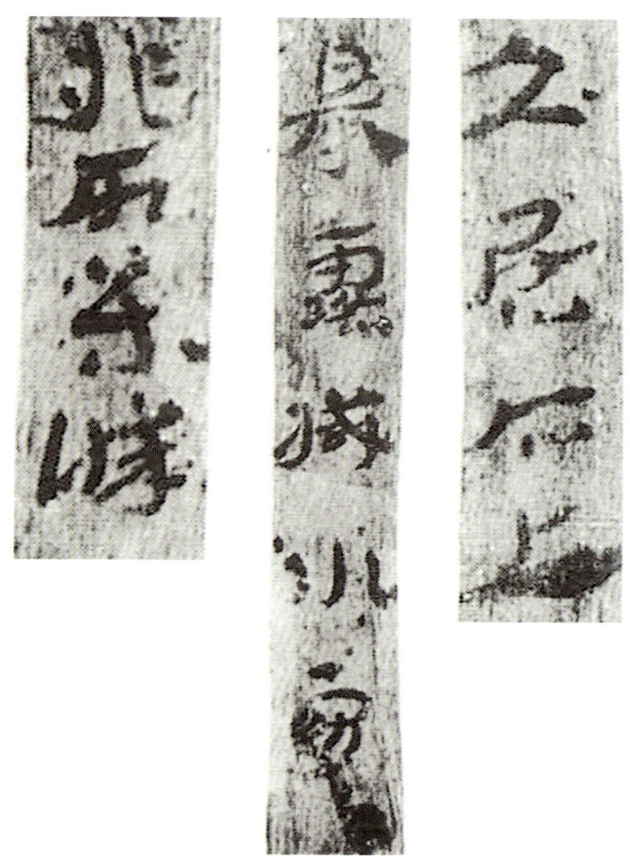

图 2-31 戍边基层官吏的苦寒生活

"极知天寒,刺史且来,不敢解(懈)须臾。久居石上,举露减水处,非所乐诚",基层官吏亦是不易,极寒之天,刺史巡视,不敢丝毫懈怠,叹所居之处,冰凉如水,"非所乐诚",真的很不开心啊!

图 2-32 戍边之人的温暖问候

第二章 汉简里的岁时节庆

2000年前的一封书信，写信之人希望收信者"寒时幸近衣、进酒食"，虽为客气之话，但寒冬腊月里还是很受听。塞上甚苦寒，轻轻一句"寒时幸近衣"的问候，便觉三冬暖阳生。

一元复始：汉代的春节

春节标志着辞旧迎新，对过去的一年说再见，怀揣希望开启新的一年。春节一般指除夕和正月初一，但在民间，传统意义上的春节是指从腊月初八的腊祭或腊月二十三、二十四的祭灶，一直到正月十五，其中以除夕和正月初一为高潮。那么是从什么时候开始农历正月初一被定为春节？两千多年前汉代人民是如何过春节的？

据记载，中国人民过春节已有4000多年的历史，它是于虞舜时兴起的，但年的名称是从周朝开始的，自汉武帝太初元年始，年的日期才固定下来，延续至今。

西汉太初元年（前104年），汉武帝下令，命司马迁等人重新修订历法，制定《太初历》，以正月为岁首，正月初一为元日，一般被称为"正旦""正日"。辛亥革命后，我国开始采用公历纪年，称公历1月1日为"元旦"，农历正月初一为"春节"。1949年9月27日，中国人民政治协商会议第一届全体会议通过了"公历纪年法"，正式把公历的1月1日定为"元旦"，农历正月初一定为"春节"。2006年5月20日，"春节"民俗经国务院批准列入第一批国家级非物质文化遗产名录。

春节这天，汉代的人们会举行各种活动以示庆祝，其中最为隆重的就是祭祀祖先、驱鬼除疫仪式。《后汉书·皇后纪》记载："旧事，岁终当飨遣卫士，大傩逐疫。"在每年年终腊月的前一天，东汉政府都会举行大傩礼，傩戏中使用120名穿着肥大皂服的青少年，只有富人和官员才能参加这样的场面，内容繁复、氛围浓烈，表达了人们希望驱除疫病、健康长寿的美好祈愿。在季冬傩仪中，人们装扮成"方相氏"跳傩舞以驱鬼逐疫，也有佩戴刚卯辟邪驱疫，甘肃简牍博物馆里收藏有刚卯，上面用一种难以辨认的殳书刻字,人们佩戴在身上,以达到辟邪的神奇作用。

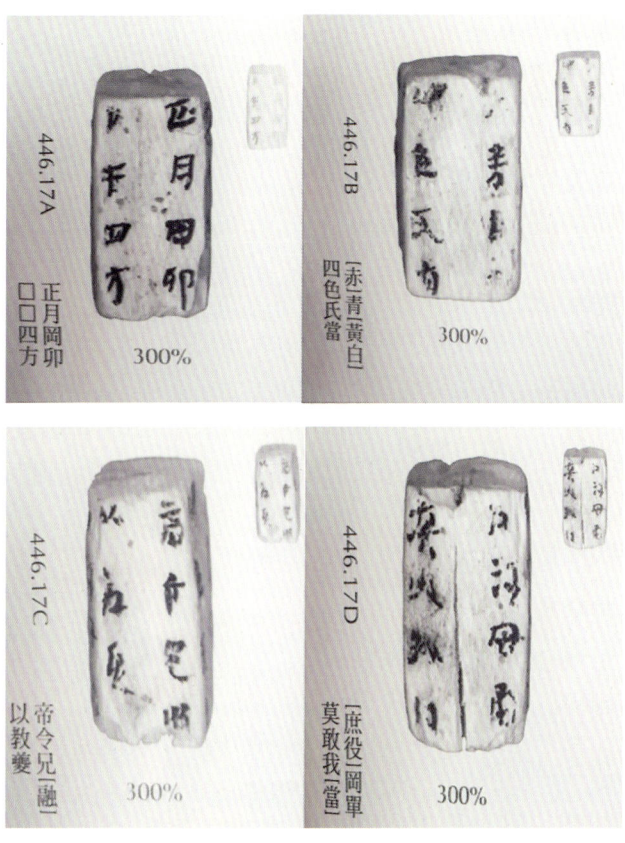

图 2-33 刚卯

汉代人们十分重视祭祖,《四民月令》中就记载道:"正月之旦,是谓正日。躬率妻孥,洁祀祖祢。及祀日,进酒降神毕。乃室家尊卑,无大无小,以次列于先祖之前。子妇孙曾,各上椒酒于其家长,称觞举寿,欣欣如也。"春节这天人们难得团聚,祭祀完后,大家都聚在一起,子妇曾孙都依次给长辈敬酒,一片欢乐。

在这一天,朝廷也会举行大朝会,也称为"正旦大会",所有文武官员都会根据官职朝拜皇帝,场面庄严而盛大。

收压岁钱是过春节最具有仪式感的时刻，汉代也有压岁钱，但当时叫"厌胜钱""压胜钱""花钱"，只是作为一种"吉祥辟邪"的饰品佩戴在身上，代表着美好的祈愿，正面通常是一些吉祥话，背面则是吉祥图案。

古往今来，每年春节总是有很多在特殊岗位上的人不能和家人团聚，那么汉时无法归家的边塞戍卒们是如何过年的呢？甘肃简牍博物馆馆藏简牍就记载了在腊祭之日官府会发给每名燧长腊钱和腊肉，上至秩次较高的候、候长，下至最基层的燧长和普通戍卒，还包括徙边罪徒也可以领取腊肉。要知道在讲究尊卑等级的汉代，庶民百姓一年到头除了豆豉酱拌饭，几乎无肉可食，更不要说罪犯了。而远离中原的河西边塞不论尊卑贵贱，大家皆有一份腊钱和腊肉可领用，充分说明了在汉代社会，人们十分重视过春节。

图 2-34　甲渠候官隧长取十二月腊钱簿

除了以上丰富多彩的活动外，汉政府还专门颁布诏书明确规定在正月要顺应自然规律，遵时令进行生产生活，在甘肃简牍博物馆馆藏敦煌悬泉置壁书《四时月令诏条》中多次出现"正月"一词，并明确规定在正月禁止伐木、掏鸟窝、伤害小动物等。

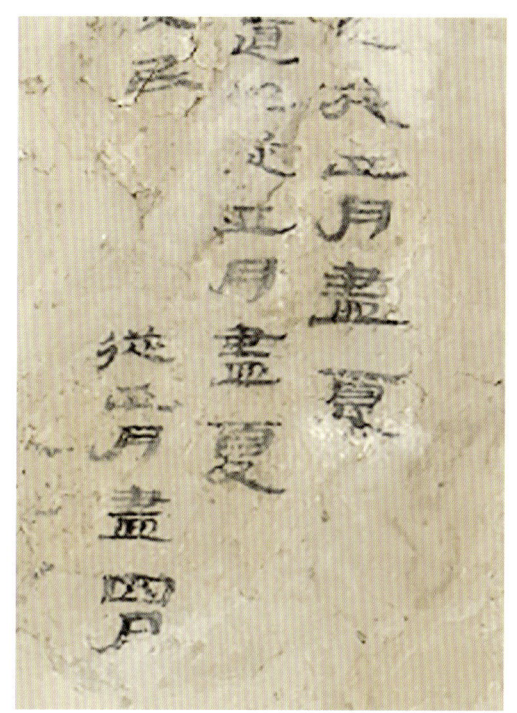

图 2-35 《四时月令诏条》中的"正月"一词

由此可见,汉代社会就已经非常重视春节。历经两千多年,春节已是中华民族隆重而富有特色的传统节日,人们也为它赋予了不同的寓意,但都代表着团圆、安康。

悬泉亭次行：冬至日的劳作

两千年前河西汉塞冬至节这天官府既不给戍卒们发钱发粮，也不聚会吃喝，更不会放假休沐，冬至只是写在历日（今之黄历）上一个指导农事生产的节气而已。

那么，汉代敦煌悬泉置的邮递员（驿骑）们冬至日这天又在干什么？

在展开此话题前，先说说悬泉汉简究竟有多重要？"国际社会以前是不承认丝绸之路的。""你说你有丝绸之路，路呢？""没有悬泉汉简就没有世界文化遗产丝绸之路。""正是学者从悬泉汉简里找到了确凿无疑的证据。"年逾古稀的民间门券爱好者石先生言简意赅，但说的都是大实话。

悬泉置遗址地处敦煌三危山余脉山下，山上悬壁有一眼流淌了千万年的生命之泉，汉代名之曰"悬泉"。"悬泉置"选建于此、取名如此，正是因此泉之故。

悬泉置是西汉政府设置在丝绸之路上汉代敦煌郡效谷县境内的一处官方交通保障驿置机构。1992 年，甘肃考古工作者在悬泉置遗址发掘出土了 23 000 多枚珍贵的汉简，以及上万件各类日常生活的器物如陶器、木器、漆器、石器、骨器、丝织品、皮鞋等屯戍遗弃物。该处遗址及出土的汉简和其他文物见证了 2000 年前汉代丝绸之路的繁荣兴盛。

2014 年 6 月 22 日，悬泉置遗址作为其中一个遗址点成功列入由中国、哈

图 2-36　悬泉置遗址出土的器物

萨克斯坦和吉尔吉斯斯坦三国联合申报的"丝绸之路：长安—天山廊道的路网"世界文化遗产名录。

图 2-37　悬泉置遗址

在新刊布的悬泉汉简里有一枚不起眼的简文：

阳关都尉明上书一封。甘露元年十一月丁酉日中时，县（悬）泉译（驿）骑道受平望译（驿）骑，□到日中付万年译（驿）骑Ⅰ90DXT0114③：5

大意是说，甘露元年十一月丁酉这天的正中午时分，敦煌悬泉置一位名叫道的送信员接收到西边平望置驿骑某人（据推测"□"可能是个"书"字）快马加鞭送来的信件。道不敢怠慢，办完信件传送交接手续后，扬鞭奋蹄，在2个小时内就将信件送到了东北方向万年置驿骑人员的手中。

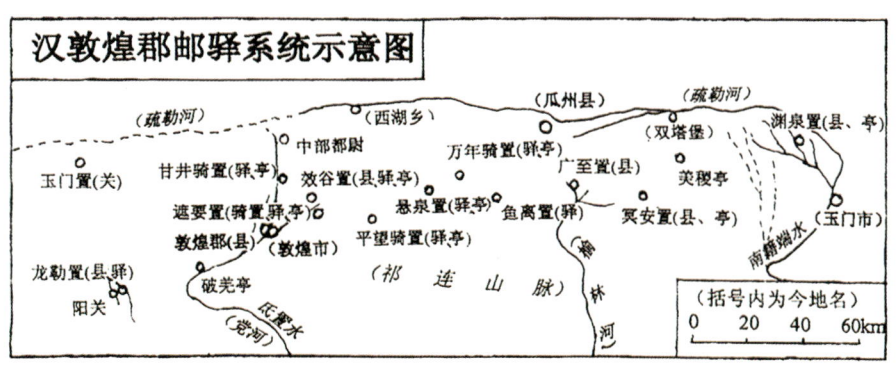

图 2-38　汉代敦煌驿置机构分布示意图

甘露元年（公元前53年）十一月丁酉日这天正好就是冬至节，两千年前的冬至节，悬泉置的驿卒和驿马是不会放假休息的！

悬泉置名道的驿卒传送的文件是一位叫明的阳关都尉上奏朝廷的军事文书。写的什么？最可能是秘不示人的檄书！

重要军事檄书都要在封检上用麻绳三缄其口，然后在封口处捺泥，最后盖上军事长官的印，有的更是加上三道检密封，严格的措施保证了檄书的绝对保密。

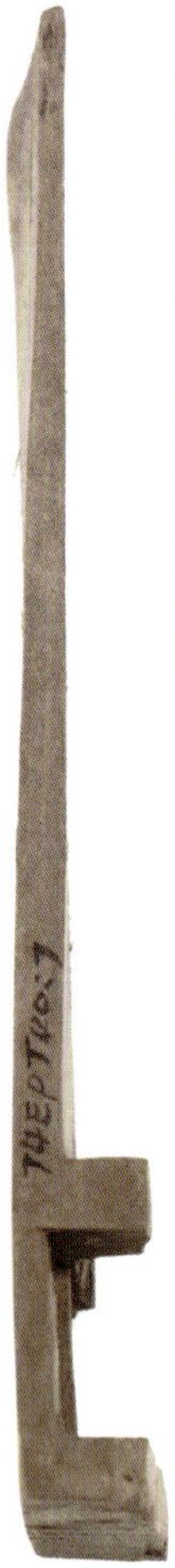

图 2-41　三缄其口的封检

图 2-39　悬泉置驿使传送文件　　图 2-40　封检侧面

放眼绵亘万里的丝绸之路,公元前53年是极不平静的一年。

这一年国际局势可谓风云激荡。有两军对垒惨烈的绞肉战,古罗马帝国与安息(帕提亚波斯)帝国的卡莱战役中罗马军团全军覆没,执政官克拉苏战死。

罗马军团残众至今未知其下落。一说溃逃至西域郅支城曾与汉军有过交手,一说罗马战俘被安置在今天的张掖永昌境内,但是专家们找出了汉简确证,证实了这种说法是子虚乌有!

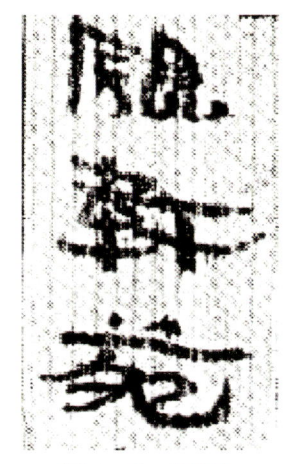

图 2-42 骊靬苑

有乌孙公主解忧谋设鸿门宴,刺击乌孙狂王泥靡未遂。泥靡其子细沈瘦带兵围困赤谷城,西域都护郑吉发诸国兵救之。

乌孙肥王与匈奴夫人所生子乌就屠袭杀狂王,自立昆弥(昆弥即国王),与汉朝西域都护郑吉兵锋相峙。

汉遣破羌将军辛武贤将兵一万五千人屯敦煌,通渠转谷,积居庐仓欲伐之,大战一触即发!

多年的汉乌结盟眼看将要瓦解,解忧公主侍女冯嫽(冯夫人)挺身而出,说服乌就屠面见长罗侯,成功化解危机,助西汉王朝摆脱了困境。

图 2-43 居庐訾仓

常惠立解忧公主长子元贵靡为乌孙大昆弥,统六万户,立乌就屠为小昆弥,统四万户,乌孙国一分为二,至此乌孙风波终暂时平息。

乌孙风云事关汉王朝对西域的管辖,也关系到丝绸之路的畅通,桩桩件件都是国之大事,羽檄飞驰的场景,悬泉置的驿卒们在这一年恐早习以为常。

假若这个名叫道的驿卒一直在悬泉置从事文书传递之工作的话,想必经他手传递的军情文书中当有上述历史事件主人公解忧公主、破羌将军辛武贤、长罗侯常惠,以及汉宣帝、御史大夫等密封之上传下达的檄书和诏令吧。

虽然古老的河西丝路驿道上的驿卒们从不曾知晓他们手中的公文密旨写的什么,也不知道发生了什么,但是他们都曾经是历史的参与者,每一位普通民众都曾为伟大的时代付出了辛劳的汗水!

正是无数遍布全国密如织网的驿置,以及如道这样的驿骑们不舍昼夜,日复一日,年复一年坚守岗位,传递文书,才保证了汉王朝对全国的有效管理和军事外交上的胜利。

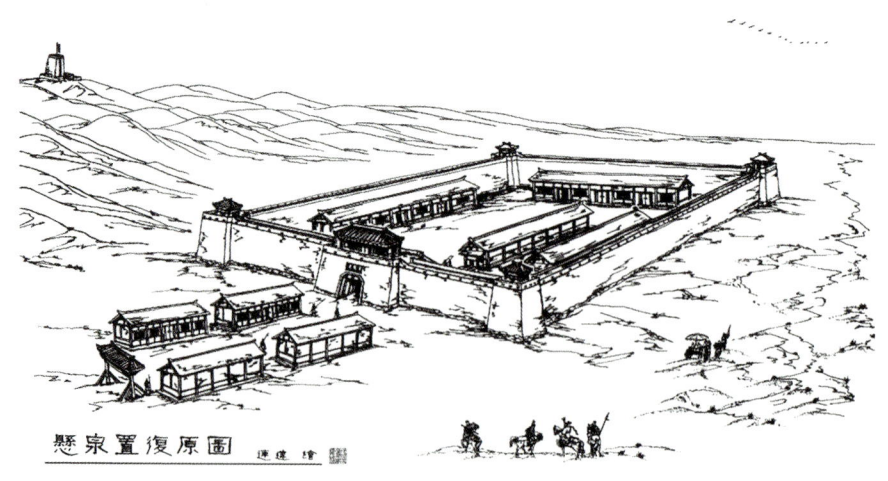

图 2-44 悬泉置复原图

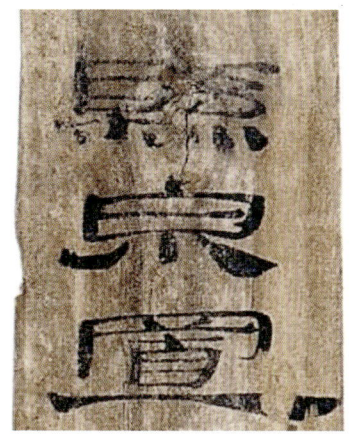

图 2-45　悬泉置

正是湮灭无闻于历史长河中的无数民众的艰辛付出才最终成就了汉王朝的强盛,让华夏民族傲然屹立于世界民族之林。

春种秋收：汉简里的四时八节

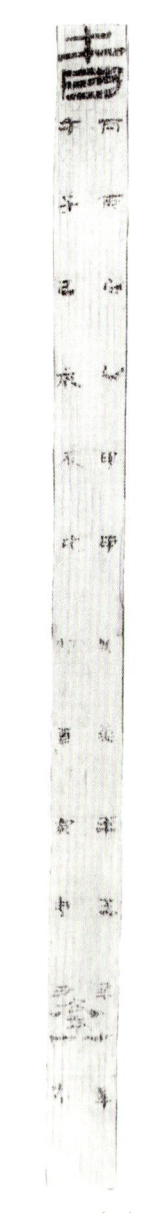

图 2-46 肩水金关遗址出土历日简

文物简介

木简一枚（出土编号：73EJT23：904），1973年出土于肩水金关遗址。完整。长 23.3 厘米、宽 1.5 厘米、厚 0.2 厘米。该简简首大字记日，日期下分 12 栏，顺序记有 12 个干支，代表 1-12 月简首所书日期的干支。即"十七日"下 12 个干支分别表示：一月十七日丙午、二月十七日丙子、三月十七日乙巳……十二月十七日辛未。根据学者研究可知，该简所记日期干支与"居摄元年"历日相合，说明了该简是《居摄元年历日》册书的一部分。现藏甘肃简牍博物馆。

简牍释文

丙 丙 乙 乙 甲 甲 癸 癸 壬 壬 辛　　辛
十七日　　　　　　　　　　　　　冬至
午 子 巳 亥 辰 戌 卯 酉 寅 申 丑　　未
十七日丙午丙子乙巳乙亥甲辰甲戌癸卯癸酉壬寅壬申辛丑冬至辛未

阅牍延伸

尽管根据史籍记载，西汉武帝时制定颁行《太初历》时已经确立了二十四节气，但至少从河西汉简历日中所载的节气来看,基本上只记录了四时八节,即春分、立夏、夏至、立秋、秋分、立冬、冬至,如出土于汉代敦煌郡边塞的永光五年历日简(1560AB)。该简是永光五年历日,为朝廷所颁行于全国各郡县侯国等地区。主要包括了一年中十二个月的朔日、月大小、八节、初中后三伏、腊日和岁终晦日等。朝廷所颁历日将八节的日期确定,其他十六个节气的日期即可以据八节所定进行推知。

图2-47　肩水金关历日简

汉简历日中八节的记载,一方面是中国古代官方颁布历日正朔的需要,另外,从实用的角度而言,历日中的八个节气也是居延地区从事农业生产所必须的。自强弩都尉路博德在居延泽筑遮虏障始,从西汉中后期至东汉建武初期,居延地区的农业生产活动一直在进行,节气是指导人们从事农业生产的时间坐标。居延地区的农事活动是离不开节气的。从这一点来讲,中央政府通过颁布历日,将八节的时间点准确地记录在历日中,通过居延地方各级机构官吏们的倡导,让居延地区的民众知晓节气,从而按时节从事春耕秋收活动。

重节：肩水金关的端午节

文物简介

木简一枚（出土编号：73EJT24：305＋497＋498A），由三枚残简缀合而成，左侧尚残一处。长17.6厘米、宽2厘米、厚0.2厘米。简文为历日，可推算出为王莽新朝居摄三年（8年）。该历日属于编册横读式，完整的册子应该有34枚简，最右边一简书有"居摄三年历日"诸语，右边第二简从上至下记载有十二月大小，剩余三十枚，一日一简，每简十二月中当日干支按序排列。这样居摄三年的全年日子皆可查。现藏甘肃简牍博物馆。

简牍释文

丙　乙　乙　乙　甲　甲　癸
十八日　　　重节　　八鬼节☒
申　丑　未　丑　□　子　巳

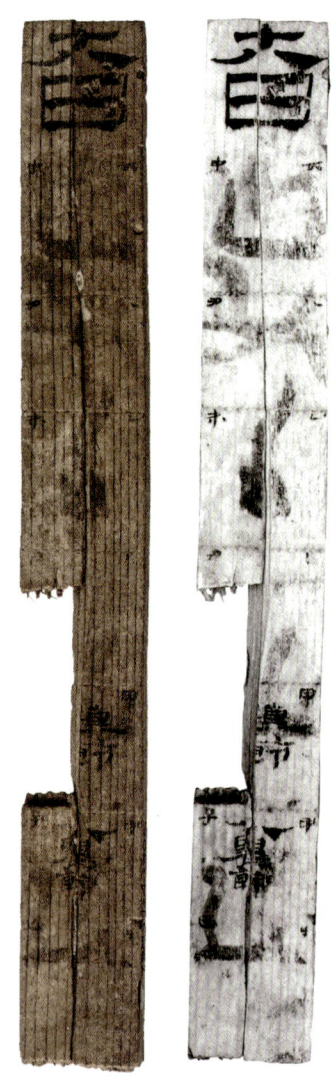

图 2-48　肩水金关汉简

阅读延伸

端午节,又称端阳节、重午节、午日节、龙舟节、正阳节、浴兰节、天中节等,是中国民间的传统节日。

夏至一过,粽叶飘香的端午节就到了。仲夏五月的大街小巷,弥漫着艾草、菖蒲的清香。民间多以仲夏为恶月,再看古人的端午习俗,我们不禁感叹古人的智慧。除了包粽子、竞龙舟这样的纪念活动外,古人在端午这天,还要饮黄酒、挂菖蒲、悬艾草、佩香囊,以期驱疫逐瘟,预防疾病。

端午历史悠久,那么,端午节是什么时候出现的呢?

西晋人周处在《风土记》写道:"仲夏端午,烹鹜角黍。"角黍就是粽子,这是古书上关于端午吃粽子最早的记录,时代是西晋。但现在从出土的汉简来看,端午节还有更久远的历史。

上文木简出于金塔县,汉代居延边塞的肩水金关。这是一枚日历简,即西汉的老黄历,时间是居摄三年,即公元8年,距今已有2000多年历史。

有一天,日历的主人,一名在肩水金关巡边的戍卒,行至弱水河畔,将这枚写有最早"重节"的日历,随手扔进了大漠戈壁。这枚日历沉睡千年,才终与我们相遇。

图 2-49　晨曦中的肩水金关遗址

图 2-50　肩水金关遗址俯瞰图

学者程少轩说：五月为午月，所谓"重节"就是午月午日相重，故称"重午节"。就是说，在肩水金关的这件日历里，记载着最古老的端午节。

公元 1973 年，弱水河畔，肩水金关，一片残垣废墟。考古工作者在砂砾之下，发现了一枚残缺的小木片。轻拂去岁月的尘灰，"重节"再现人间。

这一刻，人世间已过了 1965 个端午节。

出茭饲马：仓曹史宗的劳动节

文物简介

木简一枚（出土编号：79DMT6：71），1979年出土于敦煌马圈湾汉代烽燧遗址。长18.5厘米、宽0.8厘米、厚0.3厘米，保存完整，字迹清晰，隶书。简文内容为出入记录簿。现藏甘肃简牍博物馆。

简牍释文

元始二年四月壬午，仓曹史宗付御吏赵宏足三月传马、候马食。毕。

阅牍延伸

在遥远的敦煌玉门关外，茫茫戈壁深处，绵亘不绝的汉塞长城穿过一处叫马圈湾的地方，在这里汉王朝曾经设置有塞防机构——玉门候官。

夕阳西下，驻足旷野，凝视着这片残垣废墟，耳畔似隐约传来悠悠驼铃，还有屯戍劳作的士卒们嘈杂的吆喝声。方言殊语，来自内郡异域、天南地北的人们比画着手势，紧张而繁忙。

图 2-51　敦煌马圈湾烽燧遗址出土木简

图 2-52　敦煌马圈湾 D21 烽燧遗址

玉门候官的障墙高高地耸立着,障里坞外是人们忙碌的身影。戍卒们劈柴炊煮、莝荾饮马,不少人的麻鞋都已破旧不堪。他们早已习惯粗砂砾石的摩擦,脚板长着厚厚的干茧。

图 2-53　汉代麻鞋鞋面

图 2-54　汉代麻鞋鞋底

黝黑的脸庞在阳光下泛着古铜色的光芒。长年的劳作让他们对季节的转换都稍显迟钝。

戈壁滩上的时间总是过得不知不觉，转眼，春天已去，夏季的阳光如期而至。元始二年四月壬午这天，日子一如既往，平淡无奇。

初夏的敦煌玉门关外，天总是亮得很早，仓曹史一位名叫"宗"的早早就醒来，起床后的他又习惯性地握着一卷账册，踱进了屋旁的仓库。

晨曦穿透半开的木门，一缕光线照在沙砾地上，泛着光亮，地上是码放整齐的茭藁和几个鼓囊囊的麻布袋，里面装着粟和豆。破旧的仓库里弥漫着一股淡淡的晾晒过的新鲜草叶味。

图 2-55　仓曹史宗

图 2-56　悬泉置出土汉代粮食

日上三竿时，宗听到候官大栅门外人叫马嘶声。宗想：应该是御吏赵宏赶着牛车来了。前几日宗就与赵宏约好了，赵宏想在今天将春季三个月的传马饲料全部足额领取。

宗和赵宏相识多年，彼此熟悉。赵宏路走得多，打交道的人事也杂，日常柴米醋盐价自不待言，亦与西域朝中往来使团打过交道，多有道听途说可资谈。

他说：冬去春来，苜蓿太贵，一小把就要卖三个铜钱。又说：前段时间从长安出玉门关的朝廷使团，听人说是送西域乌孙归义侯侍子……

在寒暄当中，赵宏已麻利地把粗草料抱上了牛车。宗则边唠着嗑，边帮着把装满粟豆的麻布袋扛到车厢里。为防戈壁滩上路不平，宗特地把麻袋重新扎实，整齐码放，以防路上粟豆洒出。收拾停当，宗拿出早制作写好的物资出入契券，一剖为二，将另一半交给赵宏。

图 2-57　御吏赵宏

核实无误后，宗在仓库物资出入簿上，大笔一挥，书上交付结果：毕。

目送赵宏驾着牛车消失在漫漫黄沙中，仓曹史宗习惯性地转身将这枚出入契券放到了档案架上。

宗来到署所，案上还摆满了待处理的各种文书簿籍。廪食花名册、粟麦谷物出入簿、运粮工钱统计簿，以及每日例行仓库巡视记录，还有让人头疼的限期整改应书。

他喃喃自语：日子过得可真快啊，今天都是四月初一了，又要开始做夏季的各种出入库预算了。

时光荏苒，两千年过去了，宗未曾料到的是，他当年经手的这本账簿，幸运地被考古工作者从戈壁滩的沙砾堆下又找寻回来了。黄沙漫漫，岁月悠悠，这枚木牍账簿依然完好如初，墨色如新。

宗更不知道的是，元始二年四月壬午这天，正好就是公元2年的5月1日。

时空交错，两千年前玉门关外的长城烽燧下，宗、赵宏以及无数戍边的人们在公元2年5月1日这天过了一个名副其实的"劳动节"。

三冬暖阳：敦煌女子玉门关外送衣记

🏺 **文物简介**

木简一枚（出土编号：79DMT9：28），1979年出土于敦煌马圈湾汉代烽燧遗址。两行书写，长15厘米、宽1.8厘米、厚0.3厘米。简文内容是玉门关啬夫广德的上报出入关传文书。时间为元康元年十月甲辰，即公元前65年11月5日。现藏甘肃简牍博物馆。

🏺 **简牍释文**

元康元年十月壬寅朔甲辰，关啬夫广德、佐熹敢言之：敦煌寿陵里赵负趣自言，夫欣为千秋燧长，往遗衣用，以令出关。敢言之。

🏺 **阅牍延伸**

在雄阔苍凉的大漠戈壁上，在祁连雪山滋润下，玉门关孤独而倔强地屹立了两千年。

盛唐才子王之涣目驰神游，挥毫写下了这首唐人七绝的压轴，让玉门关成为中华儿女永恒的精神家园和情感寄托。

图2-58 敦煌马圈湾烽燧遗址出土木简

黄河远上白云间，

一片孤城万仞山。

羌笛何须怨杨柳，

春风不度玉门关。

　　送走了秦时明月，残碎了宫阙汉瓦，历经了晋凉离析，见证了大唐万千气象，亘古不变的，唯有那缕春风从不曾拂过玉门关！

　　玉门关外甚苦寒自是实情，正所谓"冬至阳生春又来"。穿越千年的时光，轻拂去简上的尘沙，让我们一起遥想两千年前玉门关外关于温暖的故事。

图 2-59　敦煌马圈湾（玉门候官）出土汉简（一枚分成三段）

图 2-60 千秋燧

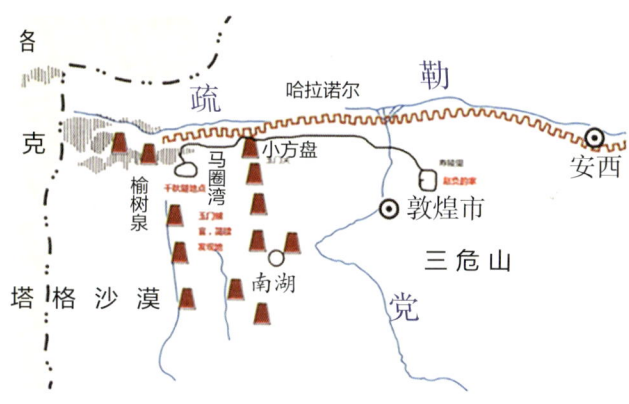

图 2-61 赵负出行的路线图

让时光回流到公元前 65 年 11 月 5 日这天。定格在玉门关。

一名女子正停驻于此,女子身后是一头黄牛,鼻子里冒着热气,身后是一辆旧板车,上面是几个布橐和陶釜。

一头小牛犊怯怯地紧挨着黄牛,探出头来好奇地瞧着玉门关,已是日西之时,关门里面透来一缕一缕的阳光。

图 2-62　牛车图画像砖

女子把出关传符递给玉门关的啬夫广德,广德看了看传符上的编号,嘱佐助熹去档案室里取出这个相同编号的传符。

熹按图索骥,取出了传符,递给广德。广德娴熟地将两枚传符合在一起。

没错,两枚传符的剖处完全合符,它们正是原件一剖为二的。

广德又让一名关卒去查看了牛车上的物品。关卒回报说,车上皆是传符上所记录的衣物和陶釜日用之品,并无违禁的铜器、兵物之类。

从熹的记录里我们知道了这名女子的一些信息,她叫赵负,家住敦煌县里的寿陵里,丈夫叫欣。欣在玉门关外的一个名叫千秋燧的地方值戍,担任的是隧长职务。

赵负前段时间给乡里打了出关的申请报告,说是天气渐冷,想要给丈夫送些衣用御寒。

图 2-63　有牛一,黄（马圈湾汉简,千秋燧长的黄牛）

乡里啬夫上报县府，说赵负无官狱征事，是守法纳税的守法之人，依令可以取传。

县府审核属实，出具了出入玉门关的符传证明，上面清楚注明了赵负出入关的时间、目的地、携带物品、跟随人数和出行方式以备关口核验。

县府将符传一剖为二，左半提前送至玉门关，右半让乡里啬夫交予赵负。玉门关收到赵负出入关的半符传后，又依令给上级部门——玉门候官处上报了赵负要出入关的申请。

玉门关最高长官啬夫广德和佐熹联合署名给玉门候官上报了这份文书：

元康元年十月壬寅朔甲辰，关啬夫广德、佐熹敢言之：敦煌寿陵里赵负趣自言，夫欣为千秋燧长，往遗衣用，以令出关。敢言之。79DMT9：28

图 2-64　玉门千秋燧

简文大意是说：

元康元年十月壬寅朔甲辰（前 65 年 11 月 5 日），玉门关的关啬夫广德和佐助熹报告玉门候官处：敦煌寿陵里的赵负很急切地告知我们，她的丈夫欣为千秋燧长，她希望能在天冷之前给他送些衣物和日常用品，赵负现在有出入关的传符，按律令规定，赵负可以出玉门关。望玉门候官准予。敢言之。

时光再次回到两千年后的 1979 年 10 月。一群甘肃的考古工作者在距离今敦煌市 95 公里西北的一处名叫马圈湾的汉代烽燧遗址中发现了广德和熹写报至玉门候官的文书。

当年在这里一共发现了 1217 枚汉简，从汉简记载我们才知道，原来马圈湾这个地方就是汉代的玉门候官，而玉门关正是归其管辖。

图 2-65　敦煌马圈湾

两千年前,敦煌女子赵负要出一趟玉门关真心不容易,申请、核查、批复、核验、时间、地点、人员、物品、牛车,一样不能多,不能少。而且玉门关从最高长官啬夫,到佐助和门关卒也需要提前做大量的誊写、报送、查验等工作。所有这些都是为了保证出入关的每一个人、每件物品,甚至拉车的牛和跟随吃奶的小牛犊都是依令出行的!

图 2-66　汉长城

再过几天就是立冬了(公元前 65 年 11 月 9 日),赵负充满期待,很快就可以见到她的夫君,穿上她缝制的絮衣、长袍和狗皮袜,再久的等待都是值得的。

赵负驾着牛车穿过玉门关,沿着疏勒河畔长城塞垣边的车辙道路,轻快地一路往西,身后是夕阳下的玉门关。

第三章 汉塞边关的文化教育

开卷有益：古人的读简生活

我国的图书典籍，从书写材料看，大致经过了竹木简牍到纸张的发展阶段，其中一度使用过缣帛织物，但是由于缣帛贵重，制作不易，最便利的书写材料仍然是简牍与纸张。《尚书》讲，"惟殷先人，有册有典"，殷商之时，已经有了可供阅读使用的编联成册的图书典籍。时代邈远，我们今天所能见到的殷周早期的文字实物，就只有占卜用的龟甲兽骨和祭祀典礼使用的吉金礼器了。纸张大规模替代了简牍的时期，当在魏晋以后。

春秋战国时期，文字书写依然以竹木简牍作为主要载体。孔子读《易》，至"韦编三绝"。用"韦编"来编联的，当是竹木简册。西晋人盗挖魏襄王墓，于墓中获得了大量的简牍古书。从殷周到魏晋，这是一个绵历近两千年的简牍书写时代，在这个时期中，古代典籍的最早形态，即是由竹木简册构成的。

秦统一六国，始皇帝采纳李斯的建议，焚书坑儒，将非秦史记及医药卜筮种树的书籍尽皆焚毁，不许百姓私藏《诗》《书》及百家语。在这样严酷的环境下，一些有识之士甘冒巨大风险，拼尽全力将诗书典籍藏了下来，有默诵记忆的，也有藏于墙壁中的。汉朝建立，革除挟书律，令天下献书，这才有了伏生传《今文尚书》，孔子后人献孔壁古书的事迹。《汉书·艺文志》记载，"书缺简脱，礼坏乐崩"，于是"大收篇籍，广开献书之路"，汉武帝又"建藏书之策，置写书之官"。正是有了汉王朝重视文化的努力，古代典籍才可以较多地保存下来。

2008年，清华大学入藏一批战国竹简，主要以楚地文字为主，其中的篇籍有类似于《尚书》一类的文诰，也有记载楚国历史的篇目，这些在秦火之前即埋藏于地下的文字对我们理解简牍书写的时代与了解先秦

图 3-1　清华简《筮法》左幅

图书典籍有重要意义。与清华简类似的还有湖北出土的郭店楚简，简牍篇目包含了道家经典《老子》，亦有儒家典籍，更有一些不曾见于传世书目的先秦佚籍。

图 3-2　郭店楚简　　　　　图 3-3　清华简《五纪》

湖南马王堆汉墓出土的帛书,是缣帛织物作为书写材料的具体实物。马王堆帛书内容丰富,有《周易》,也有星占及阴阳五行类书籍,还有地图等。

图3-4 马王堆帛书《春秋事语》局部

说到帛书，在甘肃简牍博物馆收藏的敦煌悬泉置遗址出土文物中，就有尺牍帛书，内容记录着当时个人生活的具体信息。而在甘肃天水放马滩秦墓出土的竹简与木牍中，也有与五行数术相关的《日书》以及木板地图等，如今它们都保存在甘肃简牍博物馆，穿越千年，无言地诉说着往事。

1959年，在甘肃武威磨咀子六号汉墓中出土了一批汉代竹简，其中四百多枚属于六艺典籍之一的《仪礼》，简册以规整的隶书记录了汉代人学习的战国礼经。这是两汉书籍形式的一个完整展现。

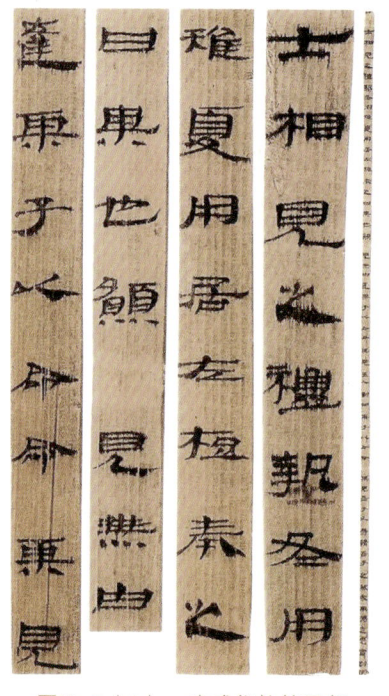

图3-5（1） 武威仪礼简局部

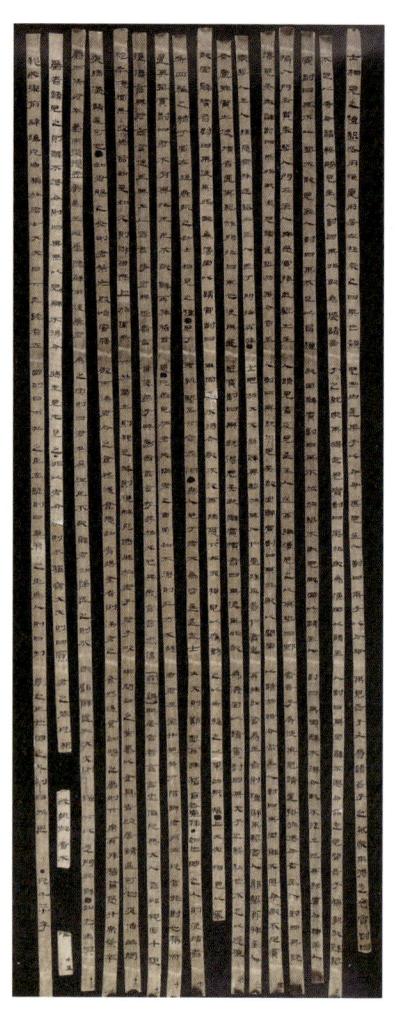

图3-5（2） 武威仪礼简

图 3-6　肩水金关出土《论语》（局部）

图 3-7　肩水金关出土《孝经》（局部）

在甘肃简牍博物馆中收藏的数量众多的汉简中，由于简牍出土地位于汉代的屯戍边塞，所以简册多是与军事屯戍相关的记录，然而在零星碎简中，我们依然发现了一些汉代人曾经反复诵习的经典篇籍。在汉代肩水金关遗址采集的汉简中，有一枚编号为 72EJC：37 的残简，简文如下："中尼居，曾子寺，子曰先王。"该简文字即是《孝经·开宗明义章》的经文，今传本《孝经》的这段内容为："仲尼居，曾子侍，子曰：'先王有至德要道，以顺天下，民用和睦，上下无怨，汝知之乎？'"汉以孝道治天下，《孝经》应该是当时读书人重要的学习文本。

西北汉简中也有《论语》的内容，肩水金关汉简72EJT15：20记载，"子曰：太伯其可"。这枚残简的文字应当就是《论语·泰伯》第一章的内容，今传本《论语》原文是："子曰：'泰伯，其可谓至德也已矣，三以天下让，民无得而称焉。'"与此类似的汉简，还有多枚，这些残简零篇，都是汉代书籍的具体呈现，对于我们了解古代典籍的流传形态与传播范围有重要价值。

古人物质条件艰苦，却丝毫不损他们藏书读书写书的志趣，尽管能藏得起书的多是巨富之家。唐代大诗人韩愈写诗赞扬邺侯李泌，诗中说："邺侯家多书，插架三万轴。"宋人陈师道有诗："平分太仓粟，尽读邺侯书"，都是对藏书读书志趣的颂扬。

竹木春秋：简牍小知识

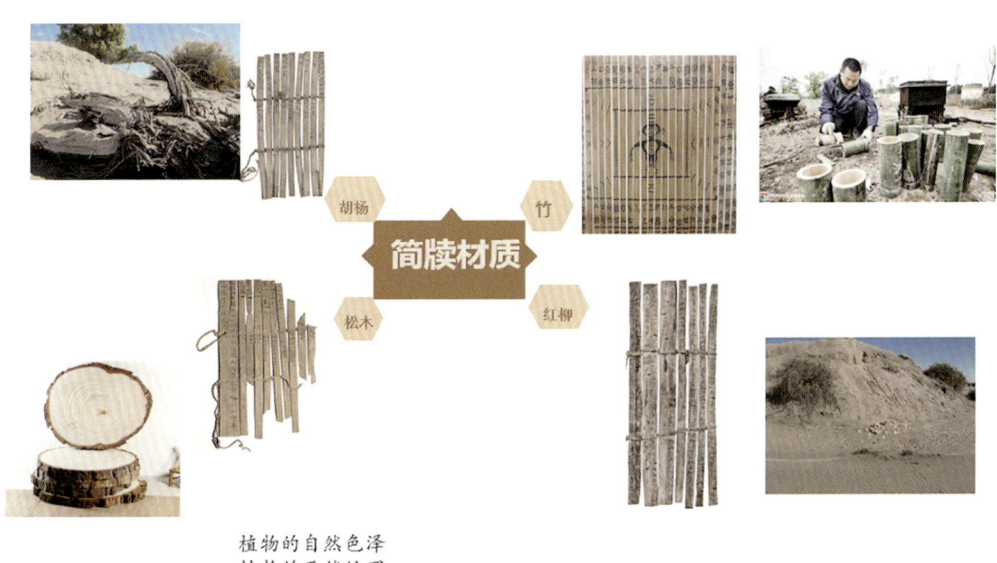

植物的自然色泽
植物的天然纹理

图 3-8　各类简牍材质

人们因地制宜，南方地区盛产竹，故简牍多为竹质，西北地区因为竹稀少，人们就多以松、胡杨和红柳等制作简牍。

图 3-9　简牍书写

简牍使用了多久?

根据文献记载可大致知道,早在殷商时期就出现了简牍。只不过时代久远,这些竹简木牍没有被保存下来。

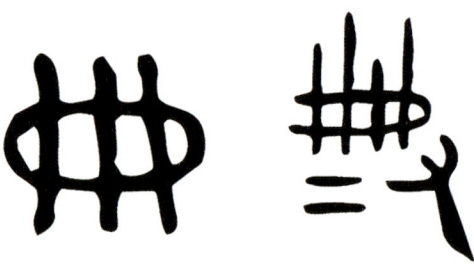

图 3-10　册和典

春秋战国、秦汉魏晋时期是中国文化的兴盛期,除金石外,简牍帛书成为中国古代最重要的书写载体。东汉蔡伦改进造纸术后,适合书写的纸张被大量用于文字书写,到东晋时期,简牍才被纸张替代,完成使命,退出历史舞台。可见,古人们使用简牍的历史大概有三千多年。

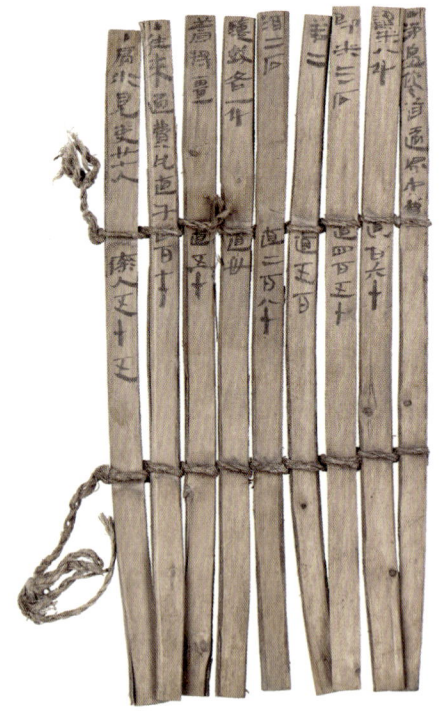

图 3-11　甘肃简牍博物馆藏汉代简册

简牍长什么样?

从出土简牍实物可知,简牍的形制并不单一,而是根据需要被制作成各种形状,以满足古人们书写记录的不同需求。根据简牍形制和书写内容,简牍还有各种各样的名称,如简、牍、札、牒、两行、檄、觚、楬、柿、检……

图3-12 汉代官文书简册

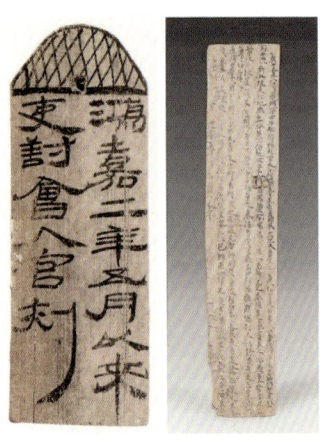

木楬　　木牍

图 3-13　木楬与木牍

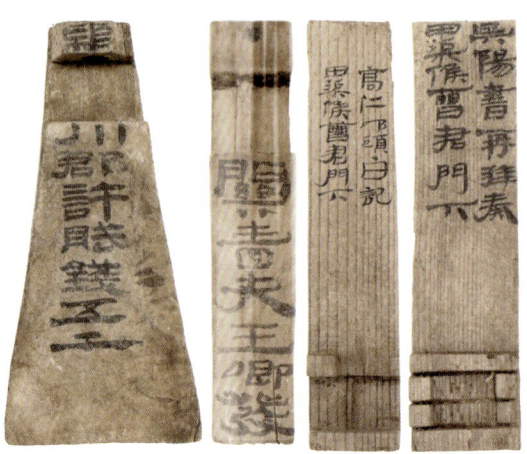

图 3-14　封检

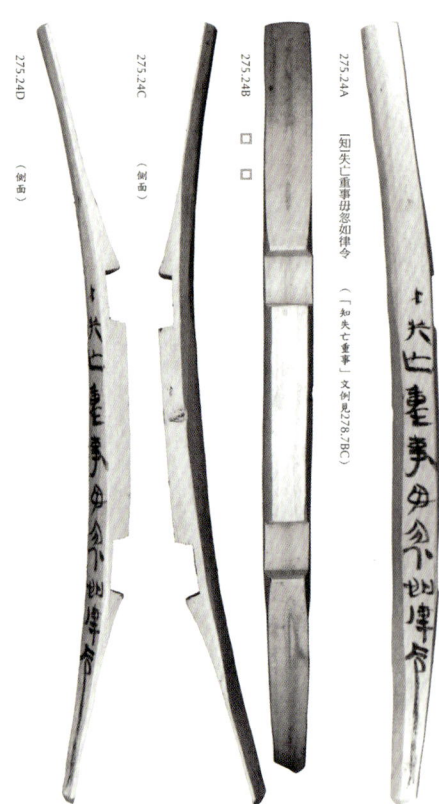

图 3-15　檄

简牍上面的字是用刀刻上去的吗?

简牍上的字既不是刀刻,也极少用漆书写,而是用毛笔蘸墨在竹简木牍上书写文字。

古人用锋利的书刀削去写错了的墨字,书刀类似于今天我们使用的橡皮擦。

图 3-16　汉代书吏

除了简牍,古代还有哪些书写材料?

除了简牍外,古人们还用丝帛来书写文字。湖南马王堆汉墓中就出土了内容丰富的帛书。甘肃简牍博物馆也珍藏有数张汉代书信帛书。

目前全国发现的简牍主要有哪些时代的?

从时代上来区分,目前考古发现的简牍有战国时期的楚简、秦简、汉简、三国吴简、晋简等。据不完全统计,全国各地发现的简牍数量约 30 万枚。

简牍一般是在从哪里发现的?

一是西北边塞长城烽燧遗址;二是全国各地的墓葬;三是湖南等南方地区的废弃水井。

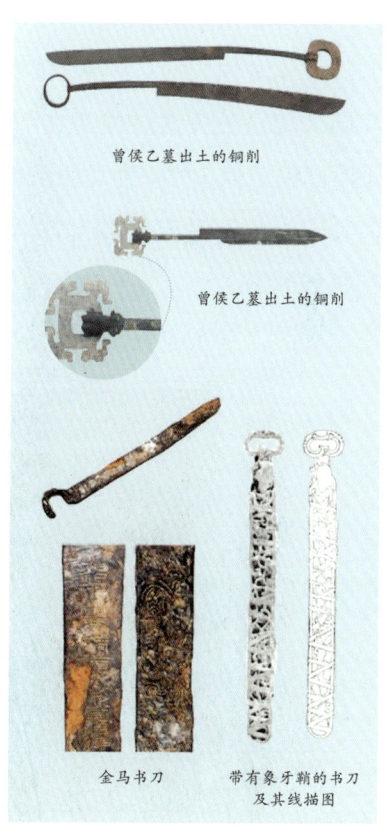

图 3-17　书刀

119

图 3-18 西北汉简出土地烽燧遗址（刘鹏摄）

简牍是如何保存的？

大体来说，简牍一般有两种保存方式。一种是原样保存，如西北汉简即采用这种方式。因为在新疆、甘肃等气候干燥的西北地区，简牍出土时即很干燥。另一种是脱水保护，如湖南、湖北等南方潮湿地区的墓葬，简牍因为长期浸泡，出土时呈软塌状态，形如煮熟的面条，这就需要进行脱水保护。

图 3-19 未保护前安大战国简

图 3-20 保护后的安大战国简

第三章 汉塞边关的文化教育

121

图 3-21　西北汉简出土时状况

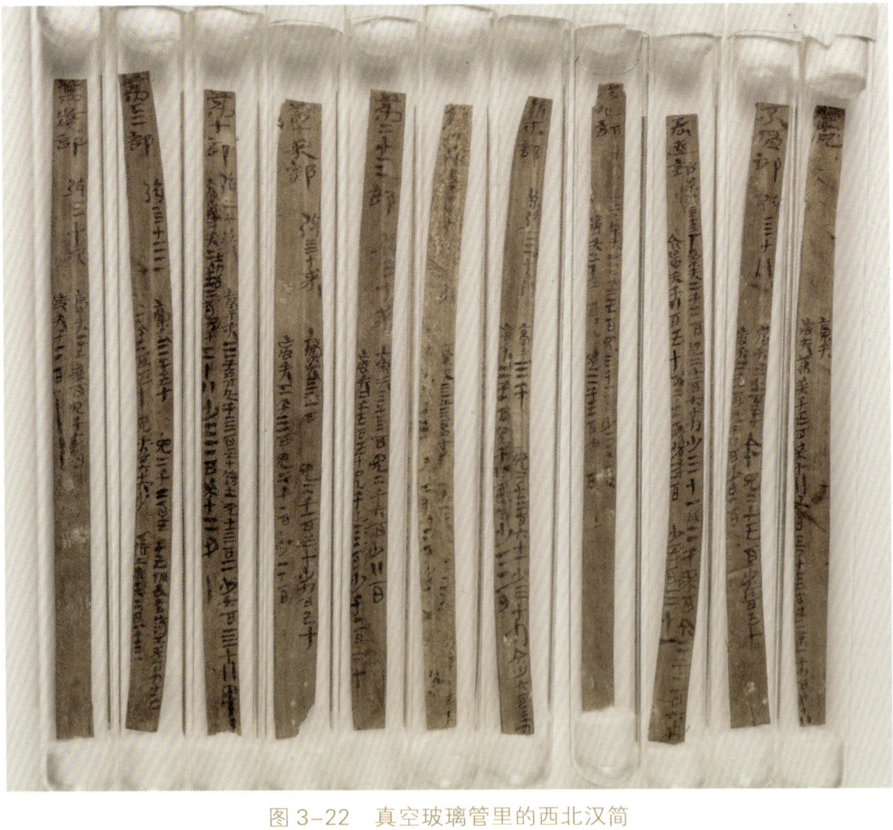

图 3-22　真空玻璃管里的西北汉简

122

简牍上面记录的是什么？

简牍所载的文献主要有两大类别：一类是抄写古代诸家经典著述、诗赋、兵书、医书及方术著作；另一大类是行政律法、诏令、敕书、檄文、档案等中央和地方文书，其使用范围基本涵盖了当时文字应用的所有领域。

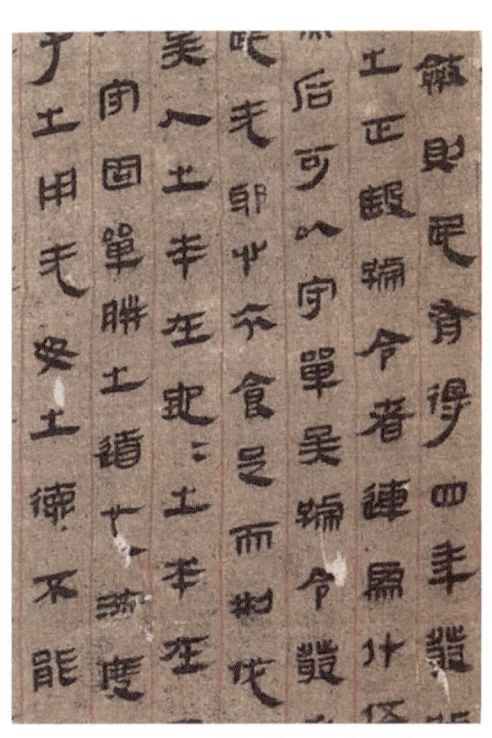

图 3-23　马王堆汉墓帛书《周易》

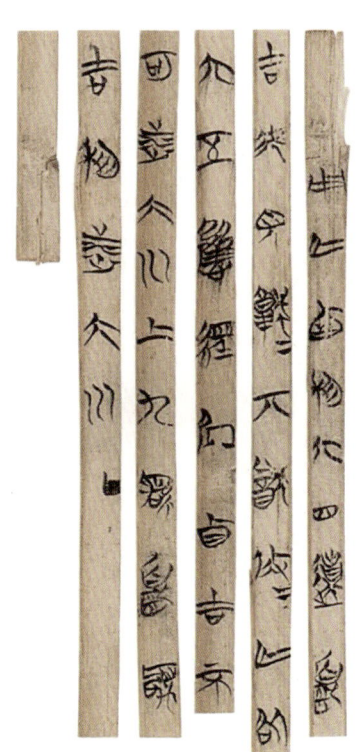

图 3-24　楚简《周易》

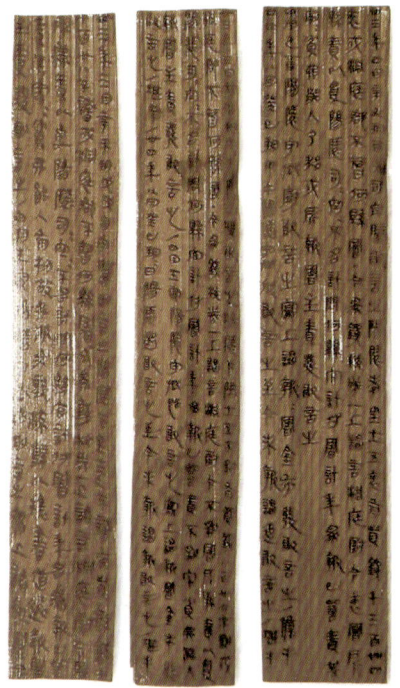

图 3-25 里耶秦简

图 3-26 汉简《老子》

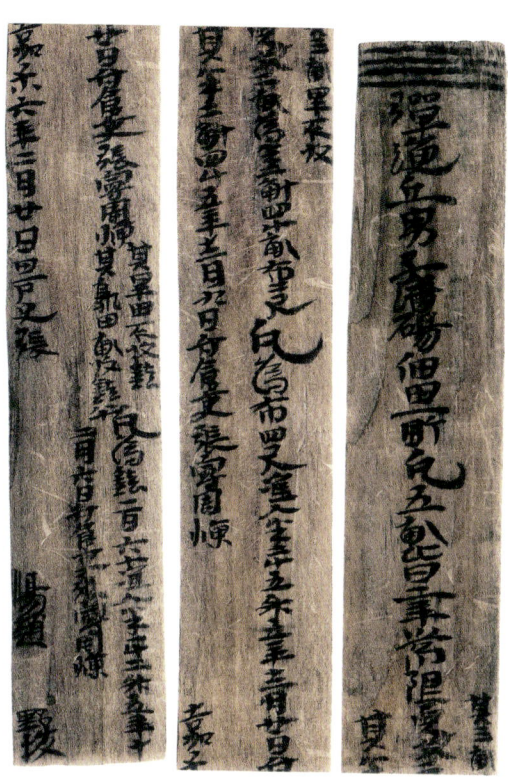
图 3-27 三国吴简

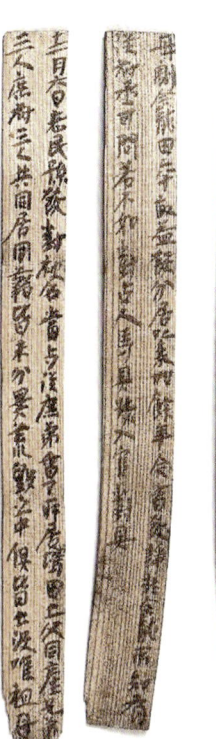
图 3-28 临泽黄家湾晋简

天雨粟之《苍颉》篇

文物简介

竹简1枚（出土编号：EPT50：1），1974年出土于居延甲渠候官遗址。正反面书写，简长23厘米、宽1.1厘米、厚0.3厘米。该简是目前河西汉简中所见最为完整的《苍颉》篇，其内容是《苍颉篇》首章部分文句。简末二字"赏赏"可能是习字者随意所书。简文共59字。根据《汉书·艺文志》记载，汉兴以后，闾里书师合秦时的《苍颉》《爰历》《博学》三篇为一篇，习称汉《苍颉》篇。居延甲渠候官出土的《苍颉》篇竹简对于研究汉代《苍颉》篇的版本衍变、文本构成等具有重要价值。现藏甘肃简牍博物馆。

图3-29 居延甲渠候官出土《苍颉》篇正面

图3-30 居延甲渠候官出土《苍颉》篇反面

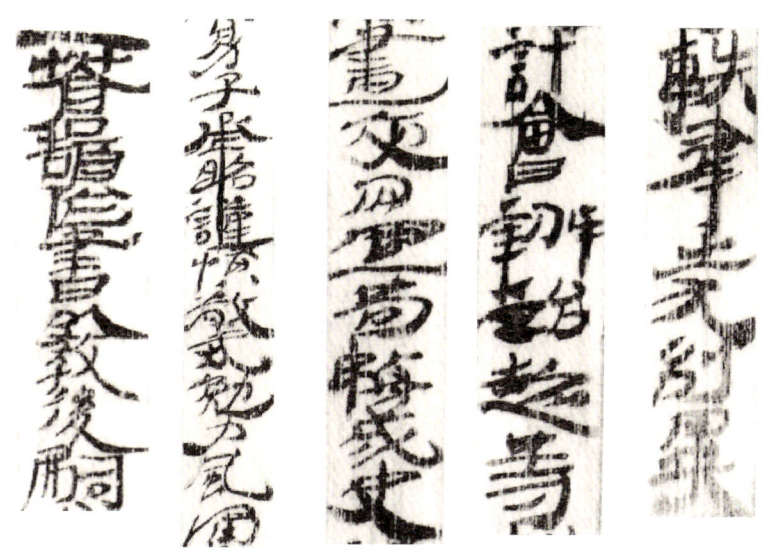

图 3-31　居延新简《苍颉》篇

阅牍延伸

一、《苍颉》篇简介

《苍颉》篇是秦汉时期通行的供儿童识字写字的学习教材。据《汉书·艺文志》记载,秦朝时的识字教材有秦丞相李斯所作《苍颉》篇、车府令赵高所作《爰历》篇和胡毋敬所作《博学》篇。汉兴以后,闾里乡师(地方乡里教书先生)合《苍颉》七章、《爰历》六章和《博学》七章等为《苍颉》篇,60字为一章,凡55章,共计3500字。汉以后《苍颉》篇逐渐被废弃,以致散佚无存,亡佚千年,后人早已不知其本来面目。自清乾隆孙星衍以来陆续开始《苍颉》篇的辑佚工作,至王国维综合参订各家之辑,重辑为二卷,共收单字2488字,残句8条,其中的5条《苍颉》篇汉简

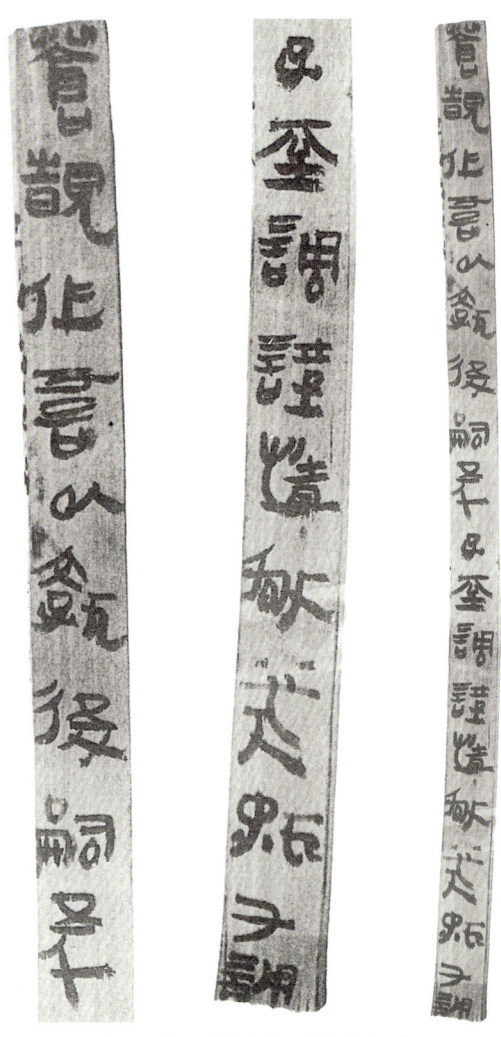

图 3-32 敦煌汉简《苍颉》篇

来自于斯坦因第二次中亚考察时在敦煌汉长城烽燧所获。这是当年的王国维所能看到的全部《苍颉》篇内容。近世以来,地不爱宝,在全国各地又陆续出土了数批汉《苍颉》篇,近年来北大入藏的汉《苍颉》篇尤为珍贵。

二、斯坦因和一堆木刨花

当年流寓日本的罗振玉收到沙畹寄来的斯坦因第二次中亚探险所获汉晋木简手校本后,他和王国维合撰了简牍学的奠基之作《流沙坠简》。沙畹寄给罗王二人的简牍照片里只有数枚《苍颉》篇残简,王国维已经诧其为神物了。罗王二人可能不知道的是,当年斯坦因考察所获《苍颉》篇残简数量远不止于此。据郭锋《斯坦因第三次中亚探险所获甘肃新疆出土汉文文书——未经马斯伯乐刊布的部分》一书介绍,现收藏于英国大英图书馆东方部的敦煌汉简总计有 1953 个号。经学者重新统计,斯坦因第二次中亚考察在敦煌所获未发表汉简当为 2398 枚,加上已发表的 702 枚,可知斯坦因第二次中亚探险在敦煌所获的汉简总数约为 3100 枚。这批敦煌汉简大部分是《苍颉》篇的习字梜片。这些练字梜片可能出土于斯坦因编号为 T6b 的凌胡燧。斯坦因在报告中有对发现大量练字梜片的叙述:

在烽燧西北约 16 码处有一个奇怪的发现。这里发现了一堆木刨花,上面写有汉字,而且总字数很可能超过 1000 个。如果不是蒋师爷(注:蒋孝琬)当时就注意到,这些字显然是一个人写的,而且一些词组反复出现,我们就有可能错过了一个重要的发现。毫无疑问,他已正确地认识到,这是某位军官或文职职员练习、提高书法水平时所用的木片。他写满一面后,用刀削下来,又在新的表面上继续练习,如此反复多次。他所用的木料是红柳和胡杨树枝,在附近沼泽盆地里到处都是。

斯坦因所记的这个烽燧即敦煌汉塞的凌胡燧(T6b),未刊汉简中大量练习《苍颉》篇的梜片,大概就在这里出土的。敦煌汉简所出的《苍颉》篇文字大都是篆意很浓的篆隶体。未刊布的这批练字残简也是如此。《汉书·艺文志》记载:秦始皇以小篆统一文字,丞相李斯作《苍颉》,车府令赵高作《爰历》,太史令胡毋敬作《博学》,皆小篆。汉初,闾里乡师并三篇为一篇,仍取名《苍颉》。清人姚振宗《隋书经籍志考证》

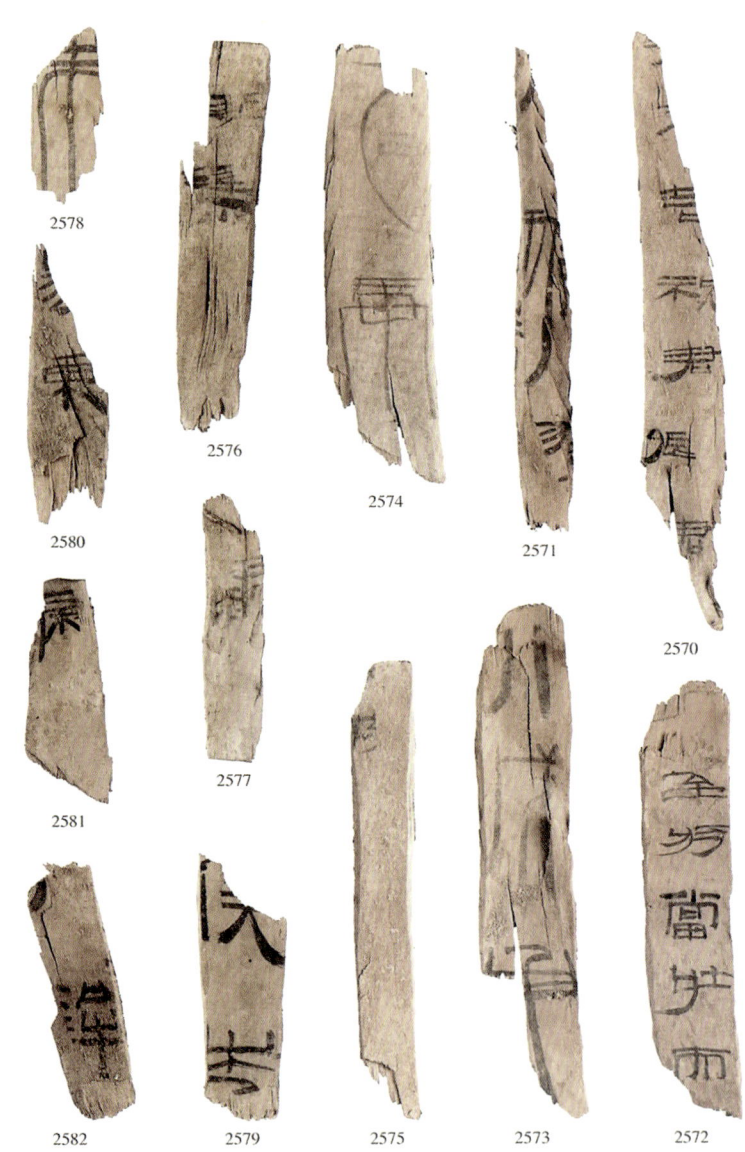

图 3-33 斯坦因二探未刊汉简残片

认为诸书皆为小篆,至贾鲂(东汉永元年间,公元89-105年)始由小篆变为隶书。这些《苍颉》汉简证明,汉初闾里乡师合三书为一书,仍名之曰《苍颉》篇,作为规范的临摹教本,还是采取了小篆字体。因为隶书的流行需要一个过程,汉朝初年,承秦之后,不可能一下子变篆为隶,这就是我们看到大多练字简,都是小篆和篆隶体的原因。当然其他地区发现的一些《苍颉》篇抄本,如本文介绍的这枚竹简《苍颉》篇(EPT50.1)即是隶书。

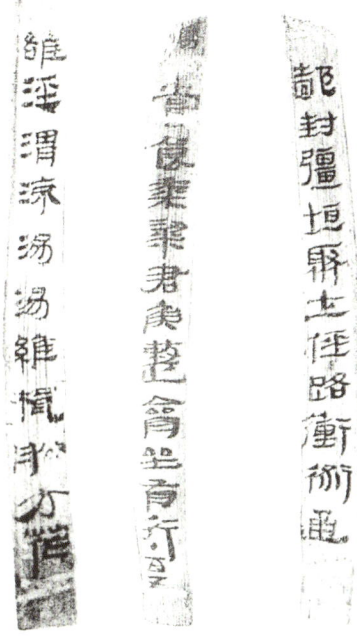

图 3-34　永昌水泉子出土七言《苍颉》篇

图 3-35　敦煌市湾窑 D3(T6b)烽燧遗址

奇觚之《急就篇》

文物简介

两行书木牍（出土编号：EPT5：14），1974年出土于居延甲渠候官遗址。长18厘米、宽2.1厘米。正反面书写，内容是《急就篇》第一章文句。对研究《急就篇》的版本流传、书写形式、文字书体等具有重要参考价值。现藏甘肃简牍博物馆。

阅牍延伸

一、《急就篇》

《急就篇》也称《急就章》，是西汉元帝时期黄门令史游编写的供儿童识字的课本。《急就篇》也是我国现存最早的一部完整的童蒙教材。从汉至唐约600多年间一直是官方和民间的主要识字书，直到后来被《百家姓》《三字经》《千字文》等新出现的童蒙教材所代替。《急就篇》共32章，每章63字，分七言、四言和三言为句。内容非常丰富，有姓名、锦绣、饮食、衣物、臣民、器物、虫鱼、服饰、音乐、形体、兵器、车马、宫室、植物、动物、疾病、药品、丧葬，职

图3-36 居延新简《急就篇》

官，等等。儿童通过学习《急就篇》，可以了解当时日常社会生活生产的基本知识和技能。流传至今最早的《急就章》写本传为三国时人皇象书，明拓"松江本"最为著名，原碑石现藏松江博物馆。

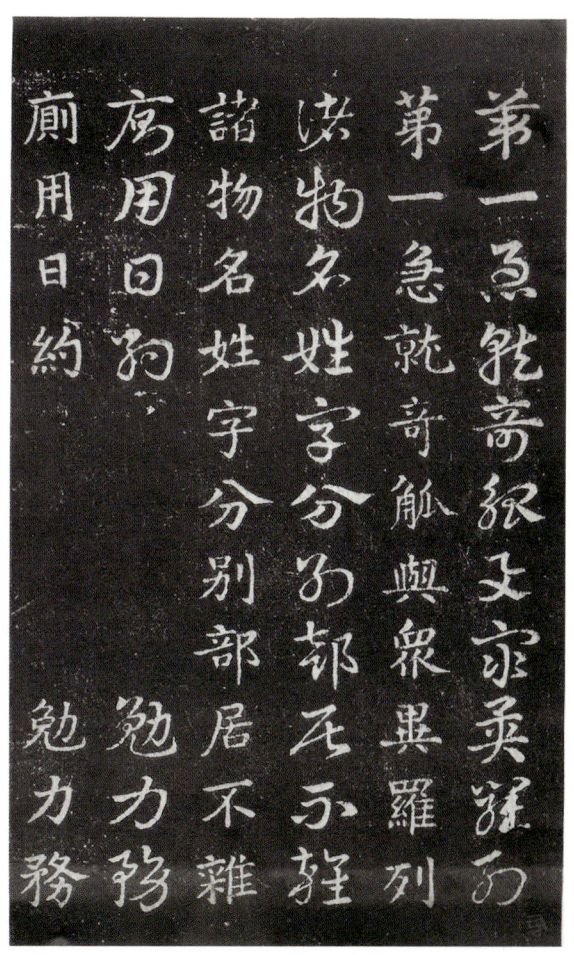

图 3-37 《急就章》

近世以来在西北敦煌、居延汉塞出土了不少书写在木简上的《急就篇》，虽然多属断简残篇，但这是目前我们所见的最早时期的汉代人手书的《急就篇》，同样弥足珍贵。

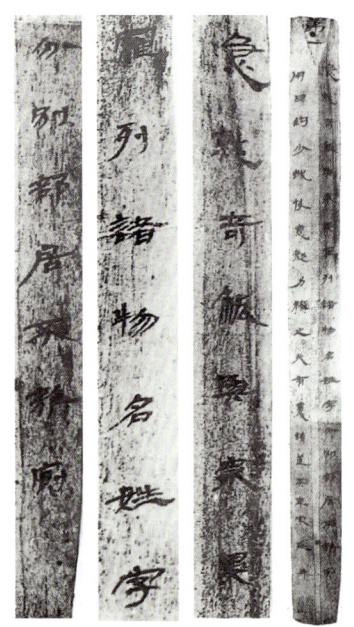

图 3-38 《急就篇》残篇

图 3-39 《急就篇》残篇

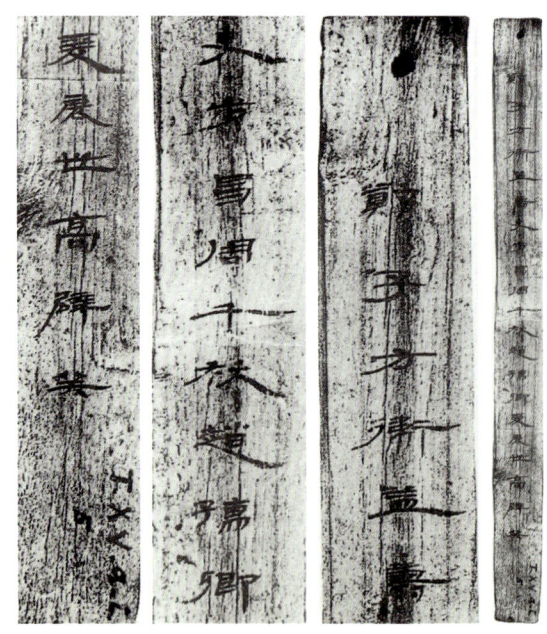

图 3-40 《急就篇》残篇

二、"奇觚"奇在哪里？

觚是汉代儿童认字练字的学习用具，相当于今天小学生的习字本。在纸张发明以前，学童使用木觚练习书写。木觚就是有棱的圆形木棍，人们将树枝截断成适合学童单手握持的短木棍，将木棍削成三到六个面。这样学童就可以一手持木觚，一手握笔在木觚上练习书写。各面写满后，再用削刀削去文字，继续书写。一段小小的木觚可供学童反复练习书写，的确便于识字学习，难怪汉代人史游称其为"奇觚"了。

三、什么是削衣？

顾名思义，削衣就是从竹木简牍上削去的薄片。像习字木觚就需要削去写好的文字，以供习字者反复书写。在官府里做事的文书吏们每天都要抄写誊录公文，难免会写错字。当时没有橡皮擦和改正液，大家只能用锋利的书刀削去错字，重新书写。这就是为什么我们会在西北边塞的垃圾堆里发现大量的削衣。

图 3-41　削衣

图 3-42　马圈湾遗址出土削、刀

图 3-43　悬泉置出土汉代毛笔

信笔涂鸦

"涂鸦"一词出自唐代诗人卢仝《示添丁》，其中有四句作：

不知四体正困惫，

泥人啼哭声呀呀，

忽来案上翻墨汁，

涂抹诗书如老鸦。

此诗生活气息浓郁，言小孩子握着蘸墨的毛笔在书上胡乱涂画，如一群乌鸦在书上乱飞。

现今的人们对"涂鸦"一词耳熟能详，街巷墙壁和名胜景区随处可发现涂抹的文字和绘画，凡此文字和图画皆属于"涂鸦"范围。

书法绘画者成就一幅作品，或展示于众，或赠送与人，会说道："涂鸦之作，让你见笑了。"这里的"涂鸦"自然是谦虚之辞。

"涂鸦"一般指随便书写涂画，字迹和绘画如同鸦群一样凌乱，比喻字写得很稚拙或胡乱涂画。明管时敏《墨窗为越人赵㧑谦赋》："我嗟涂鸦手如棘，屡欲从君问奇画。"此是自谦自己的绘画水平不高，故向人求画。

清李渔《意中缘·先订》："僻处蛮乡，无师讲究，不过是信笔涂鸦，怎经得大方品骘？"信笔涂鸦即意指自己是随手写写画画，难登大雅之堂。

其实涂鸦现象古今中外皆有之。在古埃及的康翁波神庙的墙壁上就有被刻画的图案。

从其所刻画的动物外形看，涂鸦者应该画的是一只狗。虽然只是寥寥数笔，但将狗的形象展现出来了。可见涂鸦者还是具有一定的画画功底的。只是不知道这是古人的涂鸦之作还是当代游人在古迹上乱涂乱画。

图 3-44　肩水金关木板画

在两千年前汉朝西北偏北，如敦煌、张掖诸郡之边塞，那里既有浪漫诗人笔下的"大漠孤烟直，长河落日圆"的雄浑美景，也有多情诗人"西出阳关无故人"和"春风不度玉门关"的无限感伤。

河西走廊，那是雄才大略的汉武帝和他的文臣武将们苦心多年，梦想获得的地方。年轻的军事天才霍去病军率大汉骑兵纵横大漠，经河西之战，生生从匈奴手中夺取了这条生命通道。河西走廊，是"张中国之掖"的疆域扩张，是"隔绝羌胡""断匈奴右臂"的军事战略胜利。这是一条贯通中原与西域的孔道，是闻名于世的丝绸之路的一条重要干道。

河西之战后，西汉王朝开始了大规模、有组织、有计划地将中原内郡的人民大量移徙到河西边郡从事农业生产，发展经济。同时在全国范围内征发戍卒赴边服役，从事长城烽燧障坞要塞关城的修筑，以及各种繁杂的候望侦伺劳役省作。

图 3-45　河西边塞

自 20 世纪初期以来，在河西边塞发现了数万枚汉简。这些汉简是当年被边塞各级军事机构的吏卒们作为报废的、过期的文件扔弃在垃圾坑、粪坑、马圈里的。但是它们在我们今人的眼里心里却是无价之宝，这些汉简绝大部分属于官府各类文书簿籍，记录了吏卒廪食、俸禄、劳作、病休假条等。

在这些汉简中我们发现有很少一部分汉简上面并不是吃喝拉撒诸事的文字记录，而是一幅幅的画，显然，这些画是吏卒们闲极无聊之时所作，从绘画水平和内容来看，我们将其视作"涂鸦"之作也不为过。

在河西汉简中，涂鸦者主要是对自己熟悉的东西信笔而画。如兔、牛、马等牲畜是人们习见的，故在汉简中画有这些动物形象。

此简出自汉肩水金关遗址。简上画一只正在奔跑的兔。圆头鼓睛、长耳、短尾、四肢腾起，画法简洁明快，非常形象生动。简上端写有一"兔"字。在居延边塞地区，汉简中似无有关兔的记载，这也说明河西边塞极少食兔肉。画此兔者应是对兔的形体比较熟悉，故能寥寥数笔勾画出兔奔跑的形态。

图 3-46　汉简中的"涂鸦"——兔

此简出自肩水金关遗址。简上画有一动物形象。此动物体形壮实，长尾、两角、头粗，从所画形象来看应该是一头牛。牛是汉代最为常用牲畜之一。涂鸦者对牛的形象很熟悉，所以尽管简上所画的牛不太生动，但对牛的整体和特点还是把握得较好。

图 3-47　汉简中的"涂鸦"——牛

 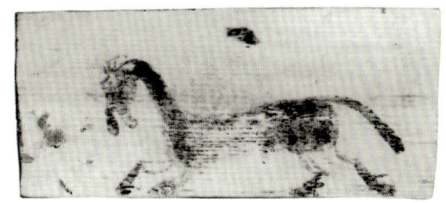

图 3-48 汉简中的"涂鸦"——马

此简正反面均画有一动物。从体态来看，两只动物均应是马。所画之马仰首，双耳竖立，嘴张大，似在嘶鸣。长尾上扬，四蹄腾跃，正在奔跑。虽然所画马有些地方墨色已褪，但并不影响所画马的整体效果，动感十足，十分生动形象。这表明涂鸦者具备一定的绘画水平，同时对马匹的奔跑动作也是很熟悉的。

此简正反面皆书写或画有图案，其中正面上端书有"肩水金"三字是可以确定的。金字下整理者释为"关"也有一定道理。只是此所谓的"关"字书写者并没有完整书写，而是画了个像"门"一样的符号。中间一个图案不清楚画者想表达什么意思，简下端所画，从外观来看，画的应该是三条并排的鱼的形象。简的反面上端亦画有和正面一样的三条并排的鱼。总体来看，所画之鱼非写实，而是带有抽象线条意味，更接近于符号化了。反面中部分别画两个图案，中间一个不能确认是何物，最下端所画则接近于鱼的形象，只是比所画的三条鱼的形象更接近于写实，一侧的鱼眼、鳍、鳃、

图 3-49 汉简中的"涂鸦"——鱼

尾等均在画中表现出来了。金关汉简中的这三条鱼的图案与汉画像砖中常见的"乘鱼升仙图"似有一定联系。

在《吴郡图经续记》一书中记录了西汉刘向《列仙传》中关于乘鲤鱼升仙的故事，一个是琴高，一个叫英子，二人俱乘赤鲤升仙。

乘鱼桥者，故传为琴高乘鲤升仙之地。据刘向《列仙传》云："琴高，赵人。尝入涿水中取龙子，与诸弟子期曰：'皆洁斋待于水傍，设祠'，果乘赤鲤来，出坐祠中。留一月，复入水去。不云在吴也。"《列仙传》有英子者，亦乘赤鲤升天。吴中门户皆作神鱼，遂立英祠。

刘向《列仙传》中记载了两位乘鱼升仙者，二人在民间的影响都比较大，琴高升仙后人用乘鱼桥来纪念他，琴高后来还成为了道教真人；英子升仙后吴中家家门户作有神鱼，并且立有英祠。琴高乘鱼升仙这个故事流传久远，在西汉时期这一故事为人们所耳熟能详，并为人们所向往。在汉代的画像石中就有不少以乘鱼为母题的升仙图，这体现了琴高升仙故事在民间的流传，并为人们所追求。宋艳萍在《汉代画像与汉代社会》一书的"汉画像石中的鱼车图"一节中收罗了10幅以鱼车图为主的画像石，这些鱼车图中无一例外是以鱼拉车，车上坐一尊者，拉车的鱼，或三条，或四条，但以三条鱼为最多。如山东邹城北宿镇南落村出土的汉画像石的鱼车图里，图中一尊者，一御者坐于三条鱼拉的车上，车的竖杆上悬两条鱼作为车盖。车无轮，由一条龙张嘴托着车中两人前行。

我们将汉简中所画的图案与汉画像石中的三条鱼和人首鱼身的美人鱼图案相比较的话，可以发现汉简和汉画像石中的这些图案的确有某种相似之处。同样是三条并排的鱼，汉简中间所画亦似鱼。

除动物图案外，在居延汉简中也有一些绘有人物图案的涂鸦之作，比如下面这些画。

此画所绘为一人的头部，眉、眼、鼻、嘴、齿等面部特征一应俱全，所画的这种人像很可能是与我们常见的起辟邪之用的"木面偶人"是类似的。

图3-50 汉简中的"鱼"

图3-51 汉简中的"涂鸦"——人的头部

此简正反面皆画有图像。其中正面画有两个人物形象，简上端一人着一长袍，深至脚踝处，露双脚，脚着黑色鞋。袍束腰。头戴进贤冠。从形象上推断为文吏。简下部亦画有一人物，较上面人物画得简单而粗疏，五官点到为止，头上所戴为鹖冠，知所画人物为武吏。简背面上端画有一匹驮着行囊正在行走的马。简下端则画有一头戴进贤冠，身着长袍，腰挂一剑的人物形象。

图3-52 汉简中的"涂鸦"——文吏与武吏

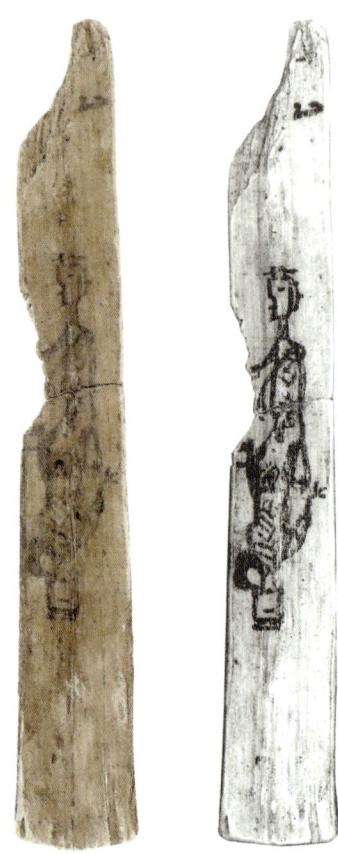

图 3-53　汉简中的"涂鸦"——简略双人像

　　此简中所画为两个人物形象,绘画水平较差。两个人物一上一下,方向相反,身体部分画在一起,像连体人。上端所画人物似未着冠,而是束发,下部的人物亦未着冠,发髻上插有一簪。

第四章 边塞的军事生活

封检：汉代的文书保密措施

文物简介

封检（出土编号：74EPT40：7），1974年出土于甲渠候官遗址。长13.4厘米、宽2.6厘米、厚0.2厘米。松木，上部书有两行文字的题署，包括写信人和收信人的姓名。下部是封泥槽。此封检对我们研究汉代的文书封缄和保密制度提供了实物。现藏甘肃简牍博物馆。

简牍释文

高仁叩头白记

甲渠候曹君门下

阅牍延伸

三缄其口与汉代文书的保密制度

西汉刘向所撰《说苑·敬慎》中记载有孔子观周之太庙，在庙内右陛之侧有一个三缄其口的金人，金人背铭有"古之慎言人也"诸语，这种三封其口起保密作用的形式为秦汉文书密封制度所继承。这类三缄其口形式

图4-1　甲渠候官遗址出土封检

的封检在河西汉塞出土有不少实物,这些封检一般在检的上部挖槽,槽横向上中下锯有三道封线。通过对比可知,此类封检以麻绳三缄其口与三缄金人之口的形式当有源流关系。在出土封检实物中,尚可见封检上遗存有封缄之用的麻绳。这些三封其口的封检实物对于了解汉代邮书保密措施极具参考价值。

成语"三缄其口",比较通行的解释是指封口三重;又指言语谨慎,少说或不说话。"三缄其口"一词的最早出处,学术界一般认为首见于西汉人刘向所撰《说苑·敬慎》:"孔子之周,观于太庙,右陛之侧,有金人焉,三缄其口而铭其背曰:'古之慎言人也。戒之哉,戒之哉!无多言,多言多败。无多事,多事多患。安乐必戒,无行所悔。……'孔子顾谓弟子曰:'记之!此言虽鄙,而中事情。诗曰:"战战兢兢,如临深渊,如履薄冰。"行身如此,岂以口遇祸哉!'"

此事又见载《孔子家语·观周》:"孔子观周,遂入太祖后稷之庙,堂右阶之前,有金人焉,三缄其口,而铭其背曰:'古之慎言人也,戒之哉……'"

比较《说苑》和《孔子家语》记载可知,二文所记为同一事,孔子观于周之太庙,于右陛见一金人,三缄其口,金人其背铭刻有"古之慎言人也"等语句。孔子认为金人之铭文有道理,故而谆谆告诫其弟子,一定要谨言慎行。金人即青铜所铸之人像,位于太庙右侧,金人被三封其口,在金人的背部铭有"古之慎言人也"诸句,这大概是中国古代文献所载最早的座右铭了。

从文献记载来看,西汉刘向《说苑》中所记载金人之铭出自《黄帝铭》六篇,在东汉班固所撰《汉书·艺文志》中即记录有《黄帝铭》六篇,惜已经亡佚。宋人王应麟在《〈汉书·艺文志〉考证》一书中认为所谓《金人铭》即为《黄帝铭》六篇之一。清人严可均《全上古三代秦汉三国六朝文》一书在《金人铭》下加按语曰:"此铭旧无撰人名,据《太公阴谋》《太公金匮》知即黄帝六铭之一。"严氏是将该铭文系于黄帝名下。《金人铭》系黄帝之作显系托词。尽管《金人铭》的时代和作者至今是一个谜,但据刘向所引孔子之太庙见三缄其口的金人的记载可知,此铭的时代当不晚于春秋时期,其更早期或在西周时期亦有可能。对于周太庙之金人,梁思成在《中国雕塑史》中认为,《孔子家语》中之金人,"盖亦我国铜像中之最古者也"。作为座右铭的中国最古的铜像最大的特点是三缄其口,而且在其背面有"古之慎言人也"之类的警语。在这里我们拟重点探讨金人"三缄其口"方式与后世封检形制上的渊源关系。

周之太庙中金人的"三缄其口"的具体方式是什么现已无从得知。按,缄,有封闭之意。汉蔡邕《铭论》:"周庙金人,缄口以慎。"缄口,即闭口。又,缄,常用于指扎束器物的绳。如《汉书·外戚传下·孝成赵皇后》:"帝与昭仪坐,使客子解箧缄。"颜师古注:"缄,束箧之绳也。"故缄又有束缚、捆扎之义。《墨子·节葬下》:"榖木之棺,葛以缄之。"孙诒让引《释名·释丧制》:"棺束曰缄,缄,函也。古者棺不钉也。"是说木棺以葛藤函封。由所列举的这几个缄字的含义来推测,金人很可能亦是以绳索类之物封缠其口,以示闭口慎言之意。

我们推测是,周之太庙金人的"三缄其口"应是实指三道封绳。这种以三道封绳进行封缄的形式至少为秦汉时期的邮书中的封检形式所继承,"三缄其口"从而达到密闭诸物的作用。

封检,亦称检,是一种特制的用于物品或文书封缄的木板。其功能如《释名·释书契》所言:"检,禁也。禁闭诸物使不得开露也。"检的封缄和题署方式在文献中亦有所记载。徐锴《说文系传》"检"字条曰:"书函之盖也,玉(三)刻其上,绳缄之,然后填以泥,题书而印之也。"《说文·木部》:"检,书署也。"《释名·释书契》曰:"署,书文书检曰署。署,予也,题所予者官号也。"由这些记载可知,封缄文书的封检有三道凹槽,封绳缠于三道凹槽,以印泥密闭,捺上印章,在封检之上写上接收官府的名称。从出土的秦汉时期封检实物中,我们发现有数量不少的封检属于三缄其口的形制，兹举数例如下：

（1）卅井降虏隧出火椎钻二（封检）305.17A

此简出土于居延布肯托尼（贝格曼编号：A22）。简的形制和用途属于封检，所封缄之物为卅井候官降虏隧配备的两件出火椎钻。简文既言"出火"，是知"椎钻"与取火工具有关。出火椎钻类似后世的火镰，属于敲击取火。此封检形制颇具代表性，整枚封检长11.2厘米、宽4.5厘米、厚1.7厘米，木质。封泥槽在检的下端，在槽的两竖边横着锯有上、中、下三道细槽。在居延出土封检实物中制作成中空，横锯上中下三道细槽形式的数量并不太多，有几十枚左右，兹不赘举。通行的看法是，封检上的三道锯槽是用以缠系麻绳、打结，以起密闭诸物之用。缠系麻绳以起封缄作用的例子可见于同出土于居延边

图4-2 居延出土封检

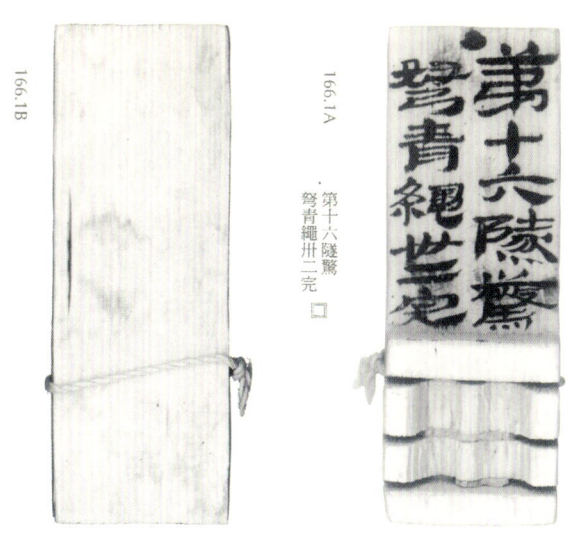

图4-3 居延出土封检

塞的封检。

（2）第十六隧惊弩青绳卅二，完　166.1A

该封检出自居延边塞，由封检上所记"第十六隧惊弩青绳卅二，完"的题署知，所封送之物为第十六隧的惊弩上的青绳，此绳或长卅二尺，或有卅二枚。封检槽上的麻绳系于上边第一个细槽上，麻绳的结位于封检侧面。这枚封检锯有三道细槽，麻绳缠绕细槽一圈，其结打在侧面。

按常理推测，既然所系麻绳是用以密封，则其绳结就应该系于封检槽中，然后再以封泥捺实之，钤印。当然就上例而言，因为此封检印泥无存，当是拆封后的状态，加之所系麻绳是可以活动的，其织结的原始位置究竟在何处是不太明确的。敦煌悬泉置有一枚封泥尚完好的封检，在封泥下面所系正是三道麻绳，由此可证汉代封检是以麻绳三缄其口。

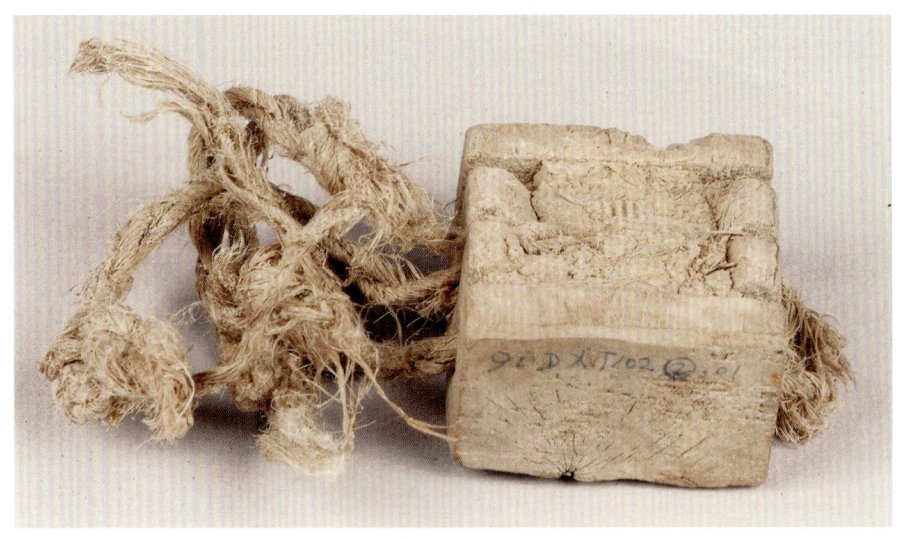

图 4-4　敦煌悬泉置汉代封检

据上述可知，周之太庙右阶上金人的"三缄其口"与秦汉时期封检上的"三缄其口"二者的缠系方式应当相似，其皆起密闭作用。封检之封槽好比金人之口，所不同者，金人之口仅以绳三缄其口，而封检不仅要以麻绳三缄，还要捺上封泥，拓上印章，以起保密作用。这种保密措施很容易让我们联想到魏晋时期的"驿使图"画像砖。该画像中一驿使策马急驰，左手拿着通关过所的证明，所画人像最为特殊的地方在于该信使没有口，以此来表示信使守口如瓶的职业使命，正因此画以艺术化的形象手段表现出了信使的保密特征，所以"驿使图"被作为中国邮政的标志图。

图 4-5　驿使图画像砖

张掖都尉棨信：出入关门的凭证

文物简介

1973年出土于肩水金关遗址（出土编号：73EJT21：01）。长21厘米、宽16厘米，红色织物，上边有系，正面墨书"张掖都尉棨信"六字，为西汉晚期遗物。棨信作为徽帜，即是信幡，主要是用来传令启闭关门。这件棨信的发现，为研究两汉时期的棨信种类和书写形式提供了实物资料。现藏甘肃简牍博物馆。

图 4-6　张掖都尉棨信

阅牍延伸

什么是棨信？

《说文》："棨，传信也。"按，传，是由官府颁发给办事官员或个人的通行凭证。传是通称，有多种类型，如符、节、繻、棨等，皆具有凭信的功能，故传又可称"传信"，据李学勤先生研究，张掖都尉棨信是传信的一种，棨属于传的一种，木质，起凭信之用。

根据文献记载，作为通行凭证的棨有如下特征：棨的材质有缯帛，也有木质；棨长五寸；作通关津隘口之用的棨，捺御史印章，并书符于棨上以为信；配合节的使用，在棨上题有持传者所带物品和规定到达的日期等信息。凡需出入宫门，必须执有由其长史负责密封棨传，题写上出入宫门之人的相关信息，交由守卫者审查印信后，方可出入。

《说文》称綮，"一曰徽帜信也"。"棨""綮"为通用字，因棨信用帛制，所以也写作"綮"。据《周礼·司常》注，徽帜是"旌旗之细也"，也就是旛（幡）。因此，作为徽帜信的棨信，就是幡信，也即是信幡。晋人崔豹《古今注》中说："信幡，古之徽号也，所以题表官号，以为符信，故谓之信幡也。"据此可知，棨信即信幡，是古之徽号，也即一种旌旗，其上题写官号，可以作为符信，而这些说法都与张掖都尉棨信相合，张掖都尉棨信的功用当不出以上所述的范围。

转射：观察敌情的瞭望孔

文物简介

转射，破城子遗址、甲渠塞第四燧遗址、肩水金关遗址均有出土。居延所出诸转射，规格大体一致。皆以四根方木合成Ⅱ字方框，高约41厘米，中心竖装一有轴圆柱状木，柱中竖凿一斜下式长方孔，孔下安一小木柅，可使中轴左右转动，控制转角100°～110°左右。有柅的一面较光洁，全涂红色，侧、背面粗糙不平并粘有泥浆。现藏甘肃简牍博物馆。

图4-7　居延甲渠候官出土转射

阅牍延伸

什么是转射？

据学者考证，转射是戍所坞堞之上专为发射箭矢、监视敌情而设的守御辅助器具。甲渠候官遗址曾出土"Ⅱ"形木具，其出土的方位与数目与汉简所记载十分吻合，进而认定"Ⅱ"形木具即为转射无疑。居延简凡言转射，多注明位置为"坞上""堠上"，并多与弩臂并论，其特点是承受弩长臂转动发射，故称转射。

图4-8 转射

转射的方位，有柲的一面当向坞内，露出红色，目标鲜明。中轴之孔，可架设弩臂或弓矢。站立坞上，通过斜下的射孔，可向坞下的有效角度瞄准发箭、观察敌情。必要时，转动中柱而封锁射空，能防冷箭偷袭。射孔斜下式，更可减小城下特别是城脚的死角。

我们在守御器簿的记载中发现转射的数目总是远高于弩长臂的数目，推之因敌非从一方而来，所以在城垣四周修有数目众多的"转射"，而战争之时则只在敌来方的转射上加装机弩或弩长臂，在机弩有限的条件下，如此可以发挥最大效用。

图4-9 转射

明白大扁书：挂在显眼处的官府通告

文物简介

木牍一枚（出土编号：73EJT31∶64），1973年出土于肩水金关遗址。长23厘米、宽2.7厘米、厚0.3厘米。两行书写，字迹清晰，完整。简文为肩水金关抄录的由张掖都尉政和丞下官联合签发的文书，主要内容是传达朝廷诏令。要求各地方机构需以扁书形式通告，扁书需悬挂于人群集中的显见之处。由此可知，汉代边塞在通告重要诏令时会采用扁书这一形式，这类扁书保证了中央与地方的政令畅达，也保证了中央对地方和边郡的有效管理。现藏甘肃简牍博物馆。

简牍释文

闰月己亥○张掖肩水都尉政○丞下官承书从事下当用者○书到○明[白]扁书○显见处○令吏民尽知之○严敕如诏书律令／掾丰○属敞○书佐风○

图 4-10 肩水金关遗址出土传达朝廷诏令的木牍

简文大意

闰月己亥日,张掖肩水都尉政和丞下官联合签署发文。要求凡各执行机构和官长接收到文件后,务必以明白扁书的形式进行通告,扁书需悬挂于显眼处,以便辖区内的官吏和百姓都能及时知晓。望大家务必重视,遵照诏书律令执行。掾丰、属敞和书佐凤。

阅牍延伸

明白大扁书

前几年因疫情之故,疫情暴发区域人们采取居家办公的方式进行自我防护,关于疫情的最新消息只需打开手机即可迅速了解。其实,我们现在的生活已经无法离开各种媒体了。每天一睁眼,就能感受到扑面而来的各种信息:微博、微信、头条等,这是一个信息化的时代,它不仅帮助了城市中的居民,生活在偏远地区的人们同样享受到它带来的福利,它让我们的生活更加便捷。那么在媒体不够发达的汉代,一些需要向广大群众公布的内容,当时的政府机构是如何组织实施传播的呢?让我们带着问题从汉简中一探究竟。

汉简记载表明,在河西边郡的军事塞防区域,以及在像悬泉置这样的大型官方邮驿机构,各级官府都会采用"扁书"来传达政令。所谓扁书,就是在扁长宽大的白底木板上墨书朝廷诏令或郡府等通告。扁书一般悬挂于县乡门亭和津关要道的显眼之处,便于官府颁布和往来行人阅读。简单地说,扁书的形式和功能类似于在街道上张贴的各类布告和通知等。

传世文献中对"扁书"有各种记载,如《说文》:"扁,署也,从户册。户册者,署门户之文也。"段玉裁注:"署门户者,秦书八体,六曰署书。"是说扁书是题写在门上的文字。还有说法认为:"署书,汉高六年萧何所定,以题苍龙、白虎二阙。"是说在阙上题写文字。也有认为扁书即是版书,也称板书,就是在木板上写字。

总的来看,在汉代"简策之文悬于门户者,皆可以扁称之。汉代凡诏令书教之等须使吏民周知者,每署书木版,悬乡市里门亭显见处"。(陈槃《汉晋遗简识小七种》)

汉简文书中多次提到"扁书",我们可以通过对汉简的释读与研究,进一步对"扁书"的形制、内容和功能以及传递情况有更为深入和明确的认识。

首先要"明白"。

扁书作为诏告天下的一种通告形式,为了让人们熟知,自然需要在书写材料和方式上采用相应的措施。我们的理解是,所谓"明白",即将两尺长的宽木板或编联的木牍涂以白灰作为底色,然后再以大字抄录诏书律令或其他通告。如悬泉汉简记载的"诏书必明白大书、以两行着故恩泽诏书"。

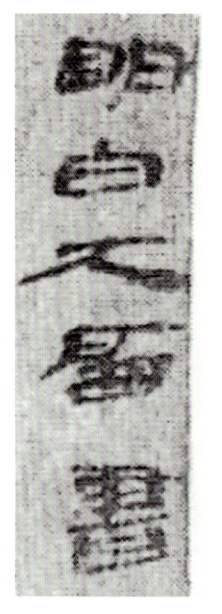

图 4-11 简上"明白"二字

其次是"显见"。

官府对扁书在制作和书写上要求"明白"，此外，对悬挂地点和方式也有明确的规定。乡亭市里这些人流集中之所和关津出入之处均需张挂扁书，同时必须悬于行人易围观的"显见处"和"高显处"。"显见处"一般人流量大，便于加强传播力度，更易达到宣传效果。"令吏民尽知之"又充分说明了扁书信息传播的目的性，即扁书这个信息媒介面对的受众是广大群众，体现了扁书的大众媒介性质。

图 4-12　简上"显见处"诸字

总而言之，扁书是悬挂在乡市里门亭显见处的宽牍文告，是汉代政令发布的重要方式，内容涉及调粮救灾、边境守军奖励制度、赦免刑徒参战和发兵等方面。

扁书为我们展示了汉代政令的传播路径：从诏令的制定、发布，到地方具有较强的时效性，并且在传播过程中，下级单位接到政令后往往要传抄复本，到基层之后还要以扁书的形式令吏民知之。因此扁书承担着政府和广大人民群众之间信息传播交流的媒介任务，汉代政府需要公示的官文书内容，很大程度上是依靠扁书这一传播形式为吏民所知。

秋射：河西边塞的军事考核

文物简介

1974年出土于甲渠候官遗址。汉代边塞有关"秋射"的一组散简（出土编号分别为：EPT52：95、EPT53：34、41、138、EPT56：337、EPT11：1）。除了简（EPT53：138）是两行书写外，其他几枚都是一行书写。其中一枚简（EPT53：34）是关于边塞军官秋射考核的令文；两枚简（EPT53：41、138）是秋射考核记录；两枚简（EPT56：337、EPT11：1）记录了秋射赐劳的规定。居延甲渠候官遗址出土的"秋射"简文再现了河西边塞军事机构通过秋射来考察和检验边塞吏员们的战斗能力。秋射制度的实施对提高戍边将士的军事技能、巩固西北边防安全、维护国家安定发挥了积极作用。现藏甘肃简牍博物馆。

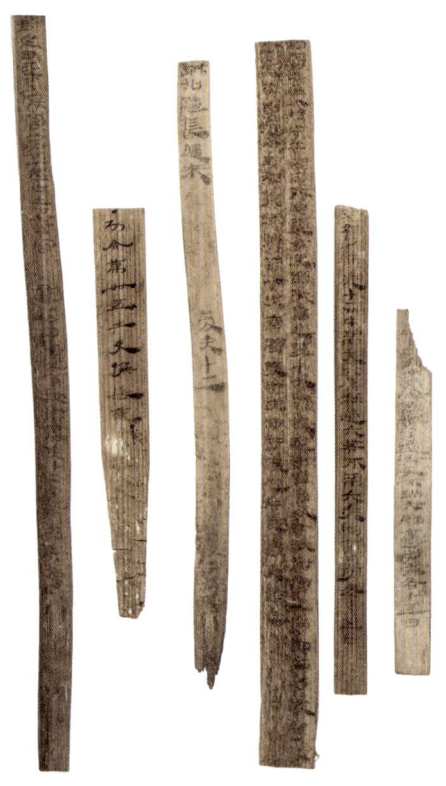

图4-13 有关"秋射"的散简

简牍释文

居延甲渠候官第廿七隧长士伍李宫建昭四年以令秋射发矢十二中帚矢六当☐ EPT52：95

·功令第卌五士吏候长蓬隧常以令秋射发矢十二 4EPT53：34

诚北隧长归来发矢十二中帚矢八☐ EPT53：41

甘露二年八月戊午朔丙戌甲渠令史齐敢言之第十九隧长敞自言当以令秋射署功劳即石力发弩矢☐弩臂皆应令甲渠候汉强守令史齐署发中矢数于牒它如爰书敢言之 EPT53：138

☐☐弩发矢十二中帚矢六为程过六若不帚六矢赐夺劳各十五日 EPT56：337

☐☐☐十二矢中帚六为程过六及不满六赐夺劳矢各十五日 EPT11：1

阅牍延伸

秋射：沙场秋点兵

在汉代，每年秋季，万物收获，农事稍闲，各级军事机构会对百官武将进行"都试"，边塞也不例外，如河西边郡的居延边塞会定期举行"秋射"。

秋射，通俗地说，是在秋季举行的射箭比赛。河西边塞的官府通过秋射这一活动，借以考察和检验边塞吏员们的军事技术水平，并以此作为赐劳和夺劳的依据。为了提高吏员们的射箭技术，边塞官府还派专人来管理训练吏卒。边塞参加秋射的主要是烽燧的燧长、部塞的候长、候官的候等吏员。

边塞每年秋季进行的秋射，是由边郡的部都尉府负责的。都尉府在每年秋季举行秋射比赛前要先向所属的候官、塞部、烽燧各级部门逐级下发进行秋射的府书，同时下发关于考核合格与不合格以及赐夺功劳标准的

"署功劳"功令。此外，都尉府还会下发一些诸如比赛用具、不得弄虚作假等具体要求。秋射结束后，都尉府对各候官上报的考核结果进行核实，并依此对秋射各吏员作出相应的奖惩。若发现成绩有误或有作假行为，都尉府则会发出重新核实的验问书，并要求被调查的各候官及时将核实结果上报，不得有误。

（1）吞远候长放昨日诣官上功，不持射具。当会月廿八日，部远不及到部，谨持弩诣官射，七月丁亥蚤食入。 203.18

（2）临木候长□昨日诣官上功，不持射具。□会□□□□远不及到部，谨持弩诣官射，七月丁亥蚤食入。 203.24

从简文记载可知，在边塞地区由于塞防线漫长，有些不能按时到候官进行秋射的吏员也可以择期进行补射。如居延汉简中就载有甲渠候官下属的吞远部和临木部的两名候长未能按时和其他吏员进行秋射。秋射结束后，他们同一天到甲渠候官上报秋射功劳名籍，由于二人都没有带射具，不能进行补射，因此要求他们在七月二十八日带上弩到候官补射。

秋射制度在西北边郡地区的实行，有着重要的意义。首先，秋射制度的实行有利于提高汉代西北边郡吏员们进行军事训练的积极性。边郡下层武官升迁的主要途径之一就是获取劳绩，而边郡秋射"主要是一种考核制度，是考核戍吏劳绩的一种方式"。其次，秋射制度的实行有利于增强军队的战斗力。最后，两汉时期秋射制度在边郡地区实行了相当长的时期，在当时抵御游牧民族的掠夺、巩固西北边防的安全、维护国家的安定等方面发挥了积极的作用。

第五章

汉简里的
人间四味

吃 醋

文物简介

木牍一枚（出土编号：79DMT5：207），1979年出土于敦煌马圈湾遗址。长23.6厘米、宽3厘米、厚0.2厘米。该简右侧残缺，分上中下三排书写，前二排多栏书，最后一排居中一行书。简中"酒三斛"即"酒四石"，"敦德"即"敦煌"，"尹"为"太守"，这些都是王莽新朝时的改名，故可确定这枚简牍的时代为新莽时期。简文大意为敦煌太守府史汜迁奉太守之命给玉门候官送酒、黍米、白稗米、牛肉、酱、醯等食品。简文中各种食品的记录是我们了解汉代河西地区饮食文化和社会生活的宝贵资料。

简牍释文

酒三斛

黍米二斛　　酱二斗

白稗米二斛　醯三斗　　敦德尹遣史汜迁奉到

牛肉百斤

图 5-1　有关食品的木牍

阅牍延伸

我们今天吃的醋，在古代有各种名称，比如"醯""酢""苦酒""酸""酪"这些词语曾经都用来指味道酸酸的醋。在这里，我们通过对古书和简牍中对不同醋名称的记载，来回味一下数千年来人们的吃醋史。

据说在远古时期，具有较强酸味汁液的梅子，是中国先民最早的酸味饮料。《尚书·说命》云："若作和羹，尔惟盐梅"，大意是要做有味道的羹汤，就要用咸盐和酸梅来调味。据学者推测，周代或周代以前的人们将这种酸味汁液加工成梅汁或梅酱用来调味。但由于梅子是时令水果，产量有限，难以满足人们的需求，于是醋便应运而生了。

醋从出现至今已有几千年的历史。说到食用醋，人们再熟悉不过了，如江苏镇江香醋、山西清徐老陈醋、福建泉州米醋等都是大家耳熟能详的名醋。随着朝代及习惯用语的改变，其名称也在不断变化。

图 5-2　醋

醯出现较早，先秦就广为使用。据《周礼·天官·醯人》记载："醯人掌共五齐、七菹，凡醯物。以共祭祀之齐菹，凡醯酱之物。""五齐"

指五种细切的冷食肉菜;"七菹"指七种腌菜;"醯人"是周代的一种官职,主要负责五齐、七菹等与用醋腌制加工的食品有关的事。《说文·酉部》:"醯,酸也。"《玉篇·酉部》:"醯,酸味也。"《广韵·齐韵》:"醯,酢味也。"由此可见,醯具有味酸的特点。《广韵》:"酢,浆也,醋也。"《急就篇》颜师古注:"醯、酢,亦一物二名也。"这说明了醯和酢曾在一个时期都指醋,只是名称不同。北魏贾思勰《齐民要术·作酢法》中亦注:"酢,今醋也。"书中详细收录了"粟米曲作酢法""烧饼酢法""糟糠酢法"等二十三种酿造方法,可见当时酿醋工艺已相当完备。

图 5-3 过滤图画像砖

醋由"酉"和"昔"构成,"酉"最初的字形像古代盛酒的容器。《说文·酉部》:"'丣',古文'酉'。酉,就也。八月黍成,可为酎酒。"然而,从一些传世文献对"醋"字的解释和使用来看,它一开始似乎与我们所熟悉的调味品醋,关系不大。比如《说文》中许慎对醋的解读为"客酌主人也",即客人回报主人的意思,按照此种解释,"醋"应是客人向主人回敬酒,也就跟今天"酬酢"(zuò)的"酢"字所表之意相同,而且在这种情况下,"醋"的读音也是 zuò。段玉裁在注释《说文解字》时也指出:"按经多

图 5-4 "酉"字形演变

图 5-5 尖底瓶

以酢为醋,惟礼经尚仍其旧。后人醋酢互易。"其意是按经典的许多书,酢就是食醋,礼经等书仍然是原来意思,即酢是食醋,醋则为"客酌主人"的意思。到了汉代以后,醋字的含义由回敬、报答之意,逐渐转变而代表了食醋。据司马迁《史记·货殖列传》载述,秦汉之际,在一些"通邑大都"就已出现了专业生产销售醯醋的商人,其富裕程度甚至堪比王侯。

　　同一类事物在不同地区的称谓不同并非罕见。梁陶弘景《本草经集注·卷七》提道:"醋酒为用,逾久逾良。亦谓之醯,以有苦味,世呼苦酒。"由此记载可知,苦酒即醋(醯或酢),它与酒有关,略有苦味。又《齐民要术·作酢法》:"乌梅苦酒法:乌梅去核,一升许肉,以五升苦酒渍数日,曝干,捣作屑。欲食,辄投水中,即成醋尔。"《晋书·张华传》中记载有一段趣事,陆机曾请张华吃饭,席上有一盘腌鱼块,当时宾客满座,张华打开盘子便说:"这是龙肉。"众人不信,张华说:"试以苦酒浇上,必有异常变化。"浇上苦酒以后,肉发出五色光芒。陆机回头问送腌鱼的人,那人说:"在园中茅草堆下得到一条白鱼,样子异常,腌制以后,味道特别美,所以献上。"张华提出"以苦酒濯之"后食的建议,即用醋来解腥生香,调和滋味。

酪最初指奶酪,是一种常见的乳制品。《说文·酉部》:"酪,乳浆也。"《玉篇·酉部》:"酪,浆也,乳汁作。"酪通常指用牛羊马等的乳汁炼制成的食品,有干湿二种,干者成块,湿者为浆。由于乳常常发酸,因而乳也可以制成酸醋,这样酪就有了醋义。《孔子家语·问礼》中载有"以为醴酪",王肃注曰:"酪,浆酢。"由是知此酪指醋。在河西边塞的人们也有食用酪的记录,居延新简中就记载有甲渠候官的最高长官甲渠候君专门派人给他采购了一头羊、五只鸡、米和美酒若干,还花了七十二钱买了四碗酪(简文作"出七十二买骆四于")。这里的酪很可能就是醋类食物。

醋除了有调味功能外,还是一味具有明确疗效的中药,它的功效有很多,比如:解毒祛邪、化痰行水、活血醒神、行气止痛、消食下气、疗伤止损等。如居延地区的人们就用醋(淳酸)把所配之药浸泡上一宿,然后滤去渣滓,再和酒一起饮用。

纵观人们数千年的吃醋史,我们可以从中读到一部醋的文化史,醋不仅仅凝结了五谷的精魂,醋的各类名称更是蕴含了深厚的文化内涵。正所谓:"蒸酵熏淋曲为母,酸绵香甜五谷魂。"

北水咸苦

文物简介

木简一枚（出土编号：Ⅱ90DXT0214②：414），1990年出土于敦煌悬泉置遗址。长8.2厘米、宽0.8厘米、厚0.1厘米。此简为削衣，首尾文句残，仅存5字可释读，简文作"☐时北水咸苦"。现藏甘肃简牍博物馆。

阅牍延伸

汉塞边关的戍卒们对于苦，别有一番滋味。

苦，是味觉，更是对生活真切的感受。

河西边塞的乘塞守边的人员中，除了谪边罚作的罪徒外，还有无数来自内郡的赴边戍役的士卒。他们辞别父母妻儿，从山清水秀之地，万里迢迢来到西北荒漠，在戈壁深处的边塞障城，日复一日，年复一年，重复着繁杂而艰苦的戍役劳作。

塞上寒苦的生活和劳作，甚至官府都深切同情。在一份官府通告中，就有"☐卒戍边，远去父母亲戚，居寒苦，吏将作，任人力，谨思（遇）以文理☐"（279.3），字字句句说的都是实情，戍边之人，不能侍奉父母，远赴苦寒的边塞，在官吏的指挥下劳作，供官府驱使。

图 5-6 "北水咸苦"木简

169

所以"吏士明听教"（EPF22：245）"告吏谨以文理遇士卒∠病致医药加恩仁恕务以爱利省约为首∠毋行暴殴击"（EPF22：246）其意思就是：官府的官吏们都听好了，你们务必要以礼相待这些辛苦劳作的戍卒们，病有所医，以恩仁相待，勿扰民，尚节俭，勿对戍卒施暴。

图 5-7　玉门关遗址

初到边地的士卒一时半会儿难以适应西北的水土，尤其是来自南方内郡的人们，因为西北地下之水碱重，水甚咸苦，饮之很可能会腹泻。在居延地区的甲渠候官有人生病了，"病泄注不愈，乙酉加伤寒，头通（痛）、潘（烦）懑、四节不举（EPF22：280）"，说的是某人一直拉肚子（泄注），过了几天病情加重，又感伤寒、头痛、烦躁不安、四肢酸痛，伸举困难。

残留的数万枚汉简中还有一些简文记载有腹泻，不排除其中有因水土不服而致病的情况。因此，官府在障燧之中专门分发止泻之药，万一有人拉肚子，可抓药煎熬成汤药饮用。止泻之药作为军事物资供需品，上级部门会定期检查。由此可见，当年河西边塞，腹泻是一种常见的疾病，这和边塞寒苦有关系。

图 5-8　地湾城遗址之障城

良药虽苦利于病,唯有好的体格方能胜任边塞繁重的劳作,所以中央朝廷至地方各级政府都相当重视吏卒的身体健康。在敦煌悬泉置的墙壁之上就专门公布有各类医方,供各级官吏和来往行人抄录。

边塞戍务繁杂,以致人们在书信的日常问候中,不管亲人还是朋友,大家在信中都会殷勤相问"塞上苦寒""善毋恙,甚苦官事"。一个苦字,道出了多少戍边吏卒们的心声。

斗食小吏和戍卒们为了每月的几百俸钱和三石三斗三升少的口粮,他们早出晚归,攒劳积功,终日奔波苦,一刻不得闲。遗留下来的数万枚汉简绝大部分都是日常记录,这些流水账式的各类簿籍,生动而具体地记录了当年戍边吏卒们艰苦的戍役劳作,如修城筑塞、候望烽火、伐茭积薪、治坞除沙、制作土墼、拾取马粪狗粪、木材加工、耕画天田、开渠拓荒、屯垦田作,日常则伐茭饲马、编席织鞋。遇有特别情况,还要抽调到候官治所,集中从事省作。

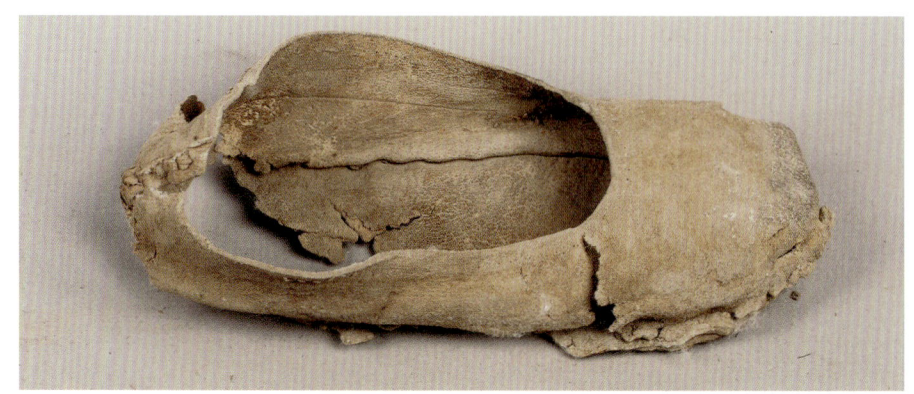

图5-9 汉代边塞屯戍遗弃物

一望无际的大漠戈壁,夏天酷热,冬季严寒,空气干燥,极少降雨,那些来自温润南方的戍卒,他们都需要一段时间来适应。有戍卒巡视天田时,因正午酷热而头晕目眩,误报警情而受到追责;有戍卒在数九寒天里颤抖着手给亲人写信,极知天寒,对于工作不敢丝毫松懈,感慨"非所乐"。

千载时光转眼而逝,当年万千赴边戍卒和谪边之人修筑的绵亘万里的长城烽燧,历经千年的风吹日晒,沙尘雕蚀,仅存断壁残垣,踪迹难觅。但当我们借助高清的卫星地图或无人机拍摄的照片,却能清晰地看到绵延的长城,还有一座座古城遗迹,这是两千年前的人们用辛勤汗水和双手在河西这片广袤大地上绘就的壮美画卷。

苦尽甘来

文物简介

木简一枚（出土编号：Ⅱ90DXT0111②：30），1990年出土于敦煌悬泉置遗址。长7.7厘米、宽0.8厘米、厚0.2厘米。木简下部残缺，字迹清楚，简文作"寒具毋置饴饧乘□酱炙"，其中提到的"饴饧"即两种糖类之名，该简文为研究两汉时期河西饮食习俗和制糖史提供了资料。现藏甘肃简牍博物馆。

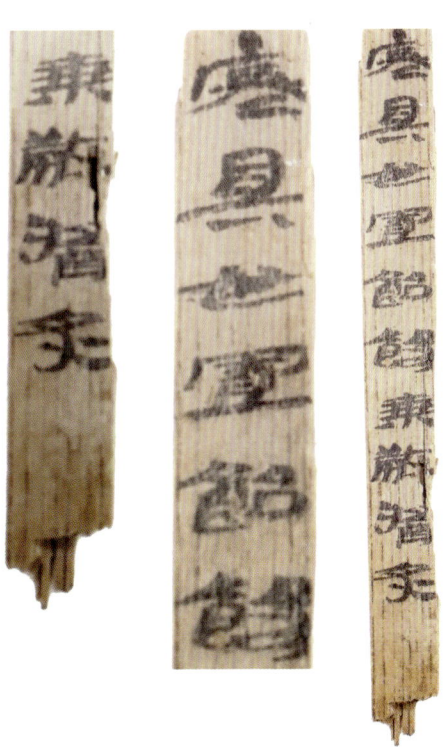

图 5-10 有关"饴饧"的木简

阅读延伸

糖在中国饮食风俗中颇有影响。糖是一种重要的甜味剂，腊八粥、汤圆、月饼、粽子、沙琪玛、蛋糕等都放糖，人们把糖视为幸福美满的象征，并将其纳入糕点小吃，成为这些食品的主要配料。糖在我们的日常生活中扮演着举足轻重的角色，逢年过节或者婚礼上也是必不可少。

春节期间，不管是热闹的古镇老街，还是熙攘的博物馆，有民俗的街道店铺，就有古色古香的糖画摊，远远地散发着甜味，诱惑着大朋友小朋友凑堆上去，转上一圈，期望能转中最大的龙糖画或凤糖画。有时候，还能听到清脆的金属击声，那是挑着小担卖麻糖的小贩特有的叫卖方式。这大概是春节期间最能吸引小朋友的两种糖食了吧。

饴饧，指饴和饧，泛指饴糖。饴糖来源于发芽的农作物。我国最早的人工制糖是从谷物熬糖开始的。上引简文中的"饴"是用生芽的稻、谷熬成的糖浆。《说文解字·食部》言其为"米糵煎者"，"糵"即经过浸泡发芽的米，芽米再经过粉碎煎熬，淀粉糖化所形成的呈胶状的稠液。《释名》曰："饧，洋也。煮米消烂洋洋然也。饴，小弱于饧，形怡怡然也。"这说明了饴的形态呈液状，即今称"糖稀"。因饴是黏稠物，故小儿能用以捕蜻蜓。《战国策·楚策》："五尺童子将调饴胶丝，加己（蜻蜓）于四仞之上，而下为蝼蚁食也。"

饧，《齐民要术·养牛马驴骡篇》中的"治马中谷又方"里有"取饧如鸡子大，打碎"，表明饧是坚硬的糖块。《说文解字》："饧，饴和馓者也。"段注："不和馓谓之饴，和馓谓之饧，故成国云'饴弱于饧也'。"其稍干者谓之饧，其熬令干硬，牵而色白者谓之糖。《急就篇》卷二："枣杏瓜棣馓饴饧。"颜师古注："澳弱者为饴……厚强者为饧。"从宏观上讲，饴和饧，两者都是麦芽熬制而成的糖；从微观上讲，饴是比较柔薄如糖稀的麦芽糖，饧可能是固态的糖，或可切成各种形状。又《方言》卷十三："凡饴谓之饧，自关而东，陈楚宋卫之通语也"，也表明了一

图 5-11 糖稀

第五章 汉简里的人间四味

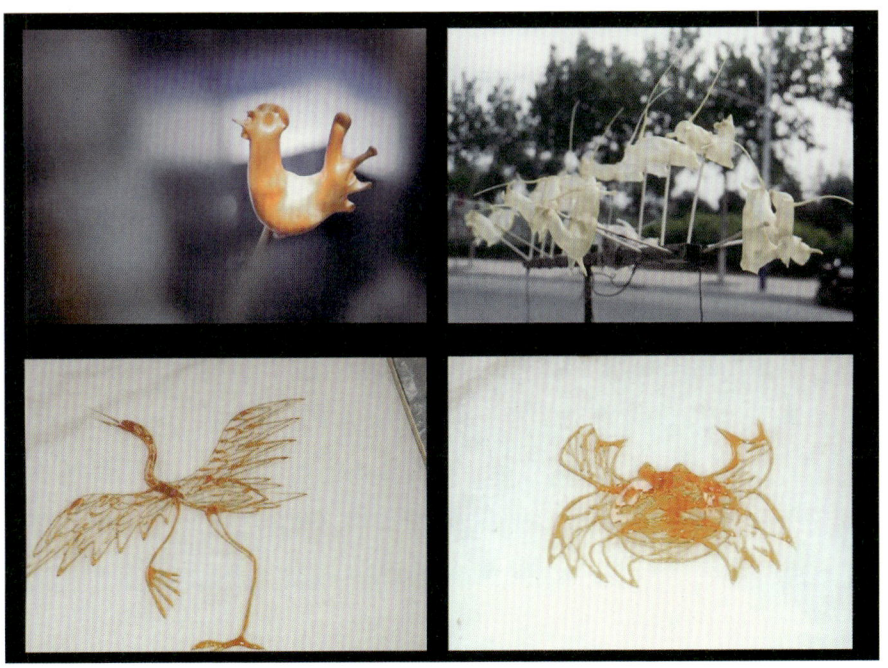

图 5-12 糖画与糖人

段时期内饧是饴的方言别称。对于这些谷类所熬制成的不同种类的"糖",季羡林在《中华蔗糖史》中已经做了详细的论述,他认为:"先秦时代,人民喜欢吃的甜东西,除了天然产生的蜜以外,人工制造的主要有两种,一种叫 yi,一种叫 tang。人民群众的方言最初是只有音的。两者都是开头用米,特别是糯米来制作的,后来也用小麦和大麦。这样制作出来的东西,清者也就是软一点、湿一点、稀一点的叫 yi……稠者也就是硬一点、干一点的叫 tang。"

图 5-13　麦芽糖

古人对饴糖的使用历史悠久。《诗经·大雅》中就有"周原膴膴,堇荼如饴",意思是肥沃的周原上,堇菜和苦菜都长得像饴糖一样的甜。《周礼·春官·小师》中亦有"箫如今卖饧饴所吹者",说明早在战国时期饴糖就已经在市井贩售。饴糖成为人们喜爱的食品也是自然而然的事了。随着饴糖在当时大部分地区的普遍使用,汉人对饴糖的制作情况,也开始有了简要的记述,上引《说文》可以证实这一点。同样,崔寔在《四民月令》中对饴糖的制作方法也有记载,"十月先冰冻,作凉饴,煮暴饴。"

贾思勰在《齐民要术》中记载了黑饧、白饧、琥珀饧等的制作过程，原料多为麦芽糖，用粱米、稷米等熬制而成。现在人们所食用的高粱饴、绿豆饴等，就是以淀粉等物质掺杂制成的软糖类的糖果。唐人韩鄂编写了《四时纂要》，他总结出"煎饧法"制饧饧。宋代药学家寇宗奭的《本草衍义》中认为制作饴饧的原料最好是"糯与粟米作者佳，余不堪用"。宋应星在《天工开物》卷六中对饴糖的制作专门做了介绍，认为："凡饴饧，稻、麦、黍、粟皆可为之。……其法用稻麦之类浸湿，生芽暴干，然后煎炼调化而成。色以白者为上。"说明了当时五谷杂粮都可制饴。

图 5-14 《天工开物·制糖》

饴糖还是悬泉置用于招待过往客人的重要甜味食品。

有一枚汉简记载，效谷县长禹和丞寿联合发文给悬泉置，破羌将军将于某年正月初七日率领上万的军队从东边而来，途经悬泉置。为此效谷县调运了米、肉、饴枣等食物到悬泉置用于招待这支庞大的部队。为完成接待任务，望悬泉置的啬夫接到通知后，做好接收工作，不要客人到了而这些食物还没有准备好，希按法律行事为妥。此次物资调配中有"饴枣"，这应该是效谷县制作的甜枣，专用于招待在悬泉置停留的有一定身份和地位的将官和使者。

在悬泉置的一份食物清单中，罗列有脂百斤、清酱一斗、肥羔羊一、美清酱财足二、肥鸡二只、仇酱财足二、骆马酒、饴千丸等美食二十几种，这其中就包括制作成丸状的上千枚的饴糖，由此可见，当时人们对甜食也是情有独钟，为满足客人对甜食的需求，悬泉置会储备一定数量的饴糖。

图 5-15　敦煌马圈湾汉简中的"饴"

饴糖还可用于医方。如明初朱橚所撰的《普济方》中记载有在"麻子汤"中用饴糖一斤,用以清凉解毒;在"人参汤"中用到饴糖,用以滋补养身;在"贝母散"中用饴糖和白糖治"热咳"。李时珍在《本草纲目》中,对饴糖的医学作用也作了类似的记载,主要为以下三个方面:一是认为饴糖有消痰、清凉去火的作用,故用于治痰火。二是用饴糖调中补虚。三是与《普济方》同样的功能,治异物梗塞。

总而言之,糖作为中国传统饮食调味品中的一种,有着其必不可少的作用。经过添加糖烹饪出来的食品,味美可口,给人们带来更多愉悦的口味之欲。食甜一直作为中国的一种饮食方式,经久不衰,证明糖在中国饮食文化中的作用是不可估量的。

盐胜雪，喜初尝

文物简介

木牍一枚（出土编号：EPT2：5AB），1974年出土于居延地区破城子第2号探方。长21.5厘米、宽1.7厘米、厚0.3厘米，正反面两行书写，共计78字，2个重文符号。此书信记载的内容对于了解河西边塞屯戍吏卒的日常生活状况和社会交往以及盐的食用提供了生动的资料。现藏甘肃简牍博物馆。

简牍释文

马建叩头言·使＝再拜白顷有善盐五升可食☐

张掾执事毋恙。昨莫还，白园事，云何充可不。顷赐☐·掾昨日幸许☐　EPT2:5A

葵子一升☐遣使持门菁子一升，诣门下受教。愿☐☐

逆建昨莫所白欲归事，岂肯白之乎，为见不一＝二☐　EPT2:5B

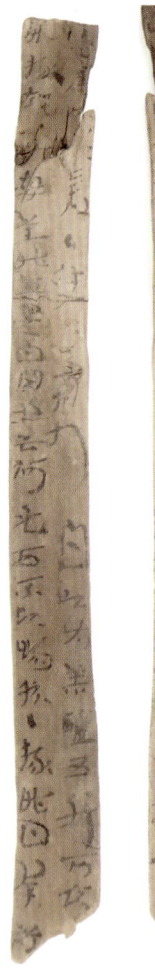

图 5-16　关于盐的木牍

简文大意

此简为一封书信,写信人名马建,收信人张掾,信中以"掾"相称。简文残缺,我们以残存的文字猜测马建写信给掾,询问菜园的相关事宜之后,告诉掾他已经派人将一升韭菜籽送往家中,以此感谢"昨日"得到的一升葵子,葵这里应是秋葵,汉代已有种植秋葵的记载,园指的是政府管理的菜园。特殊的是,此简正反两面,反面写满后,写信人还未将事情说完,于是补充在正面第一句之后,以符号"·"与开头拜礼隔开。这最后一件补充的事即马建向张掾求取五升高品质的盐。

图 5-17 盐

阅牍延伸

民以食为天，汉代居延地区的屯戍吏卒和普通民众的饮食品种非常丰富。仅据汉简记载，粮食类的主食主要是米面类，如米饭、面食、糒、羹饭等。肉类食品中除鱼肉类外，还有畜类肉食品，如牛肉、狗肉、羊肉、猪肉、鸡肉、马肉、骆驼肉等，以及猪、牛、羊等的下水。菜蔬类食材则有葵子、青葵、韭菜、葱等。调味品有盐、淳酸（醋）等。辅食饮品有酒、豉汁等。

图 5-18　古代晒盐场景

古人烹饪讲究五味调和，五味指酸、甜、苦、辛、咸。据汉简记载可知，汉代河西地区的人们已经开始使用多种调味品来烹饪食物。

在汉简记录的众多调味品中，盐是人们生活中的必需品。盐在烹饪中的主要作用是提高食物的鲜味，此外还有杀菌、防腐的作用。河西地区的盐业资源十分丰富。居延新简记载有：

（1）永始三年计余盐五千四百一石四斗三龠

从这个记载可以看出，汉代河西地区储存的盐的数量是较可观的。居延新简又记载：

（2）官卒十一人，盐三斗三升

该简是官府按月给士卒发放食盐的记录簿，士卒每人每月可以领取3升食盐。河西地区的人们食用盐主要通过两种方式，一种是直接放入饭菜中食用；另一种是用盐来腌制各种蔬菜或者粮食，从而制成新的食物。肩水金关汉简载：

（3）盐豉各一斗，直卅

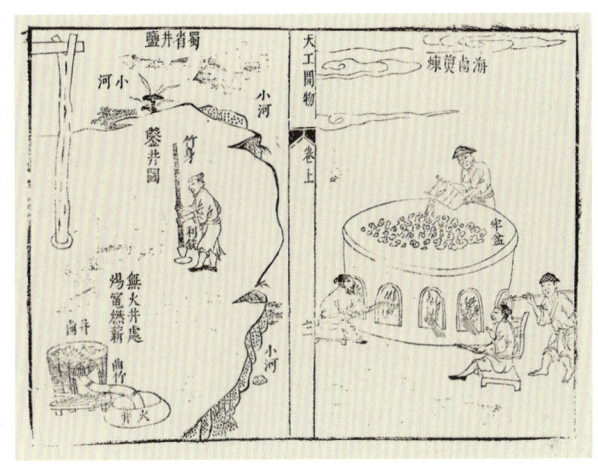

图5-19 《天工开物·制盐》

简文记载了盐豉的价格为三十钱。其中，豉即豆豉，是用煮熟的大豆发酵后制成，有咸、淡两种，供调味用；淡的也可入药。也有用小麦制成的，豆豉是汉代人最为普通的食用调味品。《汉书·货殖传·宣曲任氏》："豉樊少翁、王孙大卿，为天下高訾。"颜师古注："樊少翁及王孙大卿卖豉，亦致高訾。"盐豉并称，或许是因为"盐"和"豉"是汉人最常用的饮食调味品，也可能是因为"豉"的制作是以"盐"为主要原料。悬泉汉简记载：

（4）市记：酱一斗、脂三斤、□□一斤、肺二斤、葱三束、韭二束、姜二束、介十枚、□五斗、鸡二只、盐一升、□二□、葵一束所谓"市记",是指悬泉置到市场上进行采购,这也说明汉代敦煌地区有商品物资流通的场所,供官府进行物资采购。此简文记载了河西地区军民对酱、葱、韭、姜、盐等的消费情况,需要指出的是,在汉代,姜、葱、蒜既是蔬菜,也是重要的调味品。

图 5-20　东汉制盐画像砖拓片

盐不仅可以使食物更加美味,而且盐本身也含有很多营养成分,有人们身体中不可缺少的各种物质,也可以预防疾病,因此盐与人们的生活密不可分。

悬泉置的美清酱

文物简介

木牍一枚（出土编号：Ⅰ91DXT0404④A:1），1991年出土于敦煌悬泉置遗址。下端残断，牍长17厘米、宽2.4厘米、厚0.3厘米，胡杨木制成。此简分上下两栏，上栏一行书，简文为"沙头长索卢君食平计"，下栏三行书，为均摊饮食费用统计。由此简记载知，在汉代沙头长率队在悬泉置停驻时，其随行人员中从大夫到从者诸人的伙食费自理，由随行人员均摊，上交悬泉置。此简对于我们了解汉代悬泉置的接待标准和要求提供了第一手的原始材料。现藏甘肃简牍博物馆。

简牍释文

      大夫八人壹食=十钱直八十

 沙头长索卢君食平计　从者五人自炊顾葱酱钱直十五☐

      ·凡直九十五

图5-21　有关伙食费用的木牍

简文大意

酒泉郡沙头长索卢君的伙食平均费用统计：大夫八人吃了一顿饭，平均每人十钱，计八十钱；随从五人自己埋灶生火，从悬泉置的厨房那里购买了葱、酱，计十五钱。以上共计花费了九十五钱。

阅牍延伸

沙头还是池头

班固《汉书·地理志》中，酒泉郡辖有九县，分别是禄福、表是、乐涫、天陀、玉门、会水、池头、绥弥和乾齐。在出土汉简中，除"池头"之县外，其余酒泉郡的八个属县皆有明确记载，但在汉简中有属酒泉郡管辖的"沙头"县。

所以我们有理由认为，《地理志》中的"池头县"实即汉简中的"沙头县"。汉简记载可以表明西汉时期酒泉郡的"沙头县"记载无误，班固《地理志》中则记载为"池头县"。是否是史书误"沙"作"池"，或是曾经改名之故，还需再做考证。据学者研究，汉沙头县遗址在今玉门市花海乡毕家滩古城。

沙头长的伙食费

关于酒泉郡沙头县的人和事，在悬泉汉简中多有记载，如有简文记载某日悬泉置出米八

图5-22 沙头长伙食费记录

斗、干肉三块，用以招待停驻悬泉置的沙头长一行四人（一吏二从者）。从这枚简文记载看，此次沙头县长的随行人员似乎并非自掏腰包，而是由悬泉置统一招待。不过由于简文最后统计部分简牍正好残断，文句不全，所以也不排除后面还是分别记载了沙头长随行人员自费的可能。

乙巳。出米八斗、脯三朐。以食书佐富丁人，从者一人，毋传；沙头长一人，吏一人，从者二人。凡······ Ⅱ90DXT0112②：5

沙头县县长带队出行，在悬泉置停留打尖。按一般人想到的，大家都是官府中人，像悬泉置这样一座国家级大型接待机构完全可同时接待官员的随行人员，但从上面这些流水账簿记载来看，像县长这种级别的官员，其随从的伙食费就属于自理，哪怕从悬泉置要点葱、酱，都算了十五钱，平均每人三钱。人们专门建了一个账本，叫"食平计"。但如果是中央朝廷派出的使团，像长罗侯常惠的使团途经悬泉置时，所有的大小官员、军吏、从者，甚至弛刑罪徒，不管人数多少，悬泉置都需免费提供饮食，只不过每个人员的身份地位不同而享受的伙食标准不一样，像官吏们可以吃肉喝酒，而罪徒们则只有蘸酱可食。

悬泉置的"美清酱"

可以这么认为，悬泉置应该是两千年前丝路古道上美食家首选地之一。光是从汉简的记载中，我们就发现悬泉置有各种型号、规格的全套酒具，还有尺寸多样的，专为西域客人准备各种尺寸的切肉机和刀具，还有炙烤的肥牛、肥羊、兔羹、雁脂、牛腤、肥羔、肥鸡……当然还少不了美酒，那是取自几公里外山涧泉水自酿而成。

图 5-23　"酱"集字

图 5-24　郫县豆瓣酱

而悬泉置的"酱"是低调的美味，同样是悬泉置厨师们的招牌，悬泉置的酱不仅仅是调味品，更是人们的开胃下饭菜。难怪在悬泉置上班的书佐们自豪地称其为"美清酱"。

汉代人们对"酱"情有独钟。具体到生活中，人们食用的酱分两种，一是肉酱。肉酱是用盐醋等调料腌制而成。《周礼·天官·膳夫》："凡王之馈，食用六谷……酱用百有二十瓮。"郑玄注："酱，谓醯醢也。"《太平御览》卷九三六引三国魏曹操《四时食制》:"郫县子鱼,黄鳞赤尾,出稻田,可以为酱。"此是鱼酱。这类肉酱,普通百姓实际很难吃到。在悬泉置生产的肉酱种类还有"牛肉酱""橐佗酱"(即"骆驼酱")等。在悬泉汉简中还有专门制酱的方子。

治清酱方:干脯一束,渍之☐ Ⅰ 90DXT0109 S:272

治血酱:血一斗,盐☐ Ⅱ 90DXT0114S:13

这是悬泉置制清酱和血酱之方,制清酱的原料有干肉一束,制作工艺首先进行腌渍……制血酱的原料为血一斗,以盐多少……可惜的是,这两枚简都残断,无法完整获得古人的制酱秘法。

人们日常食用的酱更多是用麦、面、豆等发酵制成的调味品。这种酱才是汉代百姓普遍食用的调味品。《急就篇》:"芜荑盐豉醯酢酱。"唐朝的颜师古解释说:"酱以豆合面而为之也。"文献所载,酱的种类,有可能以芍药为香料制作的"芍药之酱",有"枸酱"。除此以外,悬泉置的酱品种多样,还有一些酱名我们还不知道具体含义,如"毋都酱"(注:或来自武都郡氐人所酿之酱)。其他如"榆酱""奈酱""豆酱""芥酱"等,可以据名称推知其制作的原料,如"芥酱"可能是使用芥子作为香料。

制好的酱一般装在大腹小口的陶罐里,以便于密封,防止跑味。这类陶罐汉简中称作"酱瓮"和"酱瓿",《汉书》的《扬雄传》记载说"(刘歆)谓雄曰:'空自苦!今学者有禄利,然尚不能明《易》,又如《玄》何?吾恐后人用覆酱瓿也。'"颜师古说:"瓿,小罂也。"

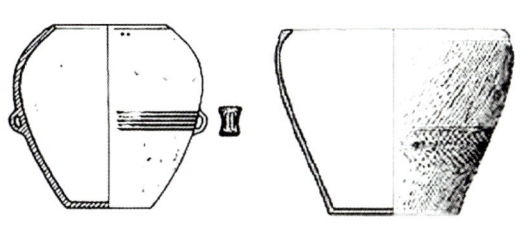

图 5-25 瓮

图 5-26　清酱

作为大型官方驿置机构，丝绸之路上往返的人们只要持有官府的凭证，就可以在悬泉置打尖住宿，可想其接待压力应该很大的。在酱不够供应的情况下，悬泉置啬夫也会考虑采购，或付钱请人制酱。

也有人食用悬泉置的酱后，在信中评价说悬泉置"清酱不美者"（Ⅰ90DXT0114①：36），当然像这样的评价在数万枚汉简中仅此一例，似乎并不是常态，我们见到的悬泉置的人们对酱的自评多是"清"和"美"，或者又"清"又"美"。

图片来源

第一章　汉塞边关的生活日常

图 1-1　甘肃省文物考古研究所编：《敦煌汉简》上册，北京：中华书局，1991 年，图版二〇四

图 1-2　甘肃简牍博物馆提供

图 1-3　甘肃简牍博物馆提供

图 1-4　《博物院》，2022 年第 1 期

图 1-5　甘肃简牍博物馆提供

图 1-6　甘肃简牍博物馆提供

图 1-7　《中国出土壁画全集》9，第 61 页

图 1-8　甘肃简牍博物馆提供

图 1-9　甘肃简牍博物馆提供

图 1-10　甘肃简牍博物馆提供

图 1-11　《国家动物标本资源库》，平台号：2111C0002400003730

图 1-12　甘肃简牍博物馆提供

图 1-13　甘肃简牍博物馆提供

图 1-14　甘肃简牍博物馆提供

图 1-15　甘肃简牍博物馆提供

图 1-16　甘肃简牍博物馆提供

图 1-17　《新疆民丰县尼雅遗址 95MN Ⅰ 号墓地 M8 发掘简报》，《文物》，2000 年第 1 期

图 1-18　《新疆尉犁县营盘墓地 15 号墓发掘简报》，《文物》，1999 年第 1 期

图 1-19　宋艳萍：《汉画像石中的"鱼车图"》，《四川文物》，2010年第 6 期

图 1-20　甘肃简牍博物馆提供

图 1-21　甘肃简牍博物馆肖从礼拍摄

图 1-22　新疆文物考古研究所：《乌鲁木齐市鱼儿沟遗址与阿拉沟墓地》，《考古》，2014 年第 4 期

图 1-23　新疆文物考古研究所等：《新疆鄯善县苏贝希遗址及墓地》，《考古》，2002 年第 6 期

图 1-24　《敦煌马圈湾汉代烽燧遗址发掘报告》，甘肃省文物考古研究所编：《敦煌汉简》下册，北京：中华书局，1991 年，第 51 页

图 1-25　张寿祺：《中国古代取火方法考证——并与阎崇年同志商榷》，《社会科学战线》，1981 年第 1 期

图 1-26、1-27　〔瑞典〕弗克·贝格曼考察；〔瑞典〕博·索马斯特勒姆；黄晓宏等翻译：《内蒙古额济纳河流域考古报告》，北京：学苑出版社，2014 年，第 322-323 页

图 1-28　甘肃简牍博物馆提供

图 1-29　甘肃简牍博物馆提供

图 1-30　李东琬：《阳燧小考》，《自然科学史研究》，1996 年第 4 期，第 370 页

图 1-31　李东琬：《阳燧小考》，《自然科学史研究》，1996 年第 4 期，第 371 页

图 1-32　周诗卉：《四川博物院藏藏族火镰》，《东方收藏》，2019 年第 13 期，第 108 页

图 1-33　甘肃简牍博物馆提供

图 1-34　钟玲：《四川汉代考古资料中的方相氏图像》，《四川文物》，2016 年第 1 期，第 73 页

图 1-35　甘肃简牍博物馆提供

图 1-36　甘肃简牍博物馆提供

图 1-37　甘肃简牍博物馆提供

图 1-38　甘肃简牍博物馆提供

图 1-39　吴礽骧：《河西汉塞调查与研究》，北京：文物出版社，2005 年，图版 95

图 1-40　甘肃简牍博物馆提供

图 1-41　甘肃简牍博物馆提供

图 1-42　金塔县博物馆李国民拍摄

图 1-43　甘肃简牍博物馆提供

图 1-44　甘肃简牍博物馆提供

图 1-45　甘肃简牍博物馆提供

图 1-46　甘肃简牍博物馆提供

图 1-47　国家艺术基金官网"悬泉置遗址"条

图 1-48　甘肃简牍博物馆提供

图 1-49　张德芳、郝树声著：《悬泉汉简研究》，兰州：甘肃文化出版社

图 1-50　张德芳、郝树声著：《悬泉汉简研究》，兰州：甘肃文化出版社

第二章　汉简里的岁时节庆

图 2-1　甘肃省文物考古研究所编：《敦煌汉简》上册，北京：中华书局，图版一四一

图 2-2　甘肃简牍博物馆提供

图 2-3　甘肃简牍博物馆提供

图 2-4　《中国出土壁画全集》9，第 113 页

图 2-5　甘肃简牍博物馆提供

图 2-6　〔西汉〕刘安等著，许匡一译注：《淮南子全译》，贵阳：贵州人民出版社，1993 年，第 212 页

图 2-7　甘肃简牍博物馆提供

图 2-8　敦煌市博物馆官方网站：http://www.dhbwg.org.cn/guancangwenwu/58

图 2-9　敦煌市博物馆官方网站：http://www.dhbwg.org.cn/guancang wenwu/58

图 2-10　《居延汉简（四）》，第 4 页

图 2-11　甘肃简牍博物馆提供

图 2-12　图源网络，甘肃简牍博物馆提供

图 2-13　网址：https://www.zdic.net/hans/%E7%AB%8B；https://www.zdic.net/hans/%E5%A4%8F）

图 2-14　甘肃简牍博物馆提供

图 2-15　甘肃简牍博物馆提供

图 2-16　石明秀、张德芳主编：《玉门关汉简》，上海：中西书局，2019 年，第 286 页

图 2-17　甘肃简牍博物馆提供

图 2-18　宣讲家网微信公众号，《世界的瑰宝和遗产：中国"第五大发明"——二十四节气丨图解》，2019-02-07

图 2-19　敦煌研究院官方网站：http://www.dha.ac.cn/info/1157/2658.htm

图 2-20　甘肃简牍博物馆提供

图 2-21　甘肃简牍博物馆提供

图 2-22　王裕昌：《天山南北·古道遗珍——甘肃省博物馆举办"新疆丝绸之路文物精华展"》，《丝绸之路》，2009 年第 9 期，第 15 页

图 2-23　甘肃省文物考古研究所编：《敦煌汉简》上册，北京：中华书局，1991 年，图版一六〇

图 2-24　甘肃简牍博物馆提供

图 2-25　甘肃简牍博物馆提供

图 2-26　甘肃省文物考古研究所编：《敦煌汉简》上册，北京：中华书局，1991 年，图版一六九

图 2-27　郑州之窗官方网站，网址：http://www.zhengzhoucity.cn/yj/20220

530/9483.html

图 2-28　《居延汉简（四）》，第 143 页

图 2-29　甘肃省文物考古研究所编：《敦煌汉简》上册，北京：中华书局，1991 年，图版一六九

图 2-30　甘肃简牍博物馆提供

图 2-31　甘肃省文物考古研究所编：《敦煌汉简》上册，北京：中华书局，1991 年，图版一一七

图 2-32　甘肃简牍博物馆提供

图 2-33　《居延汉简（四）》，第 91 页

图 2-34　甘肃简牍博物馆提供

图 2-35　甘肃简牍博物馆提供

图 2-36　甘肃简牍博物馆提供

图 2-37　敦煌博物馆微信公众号，2022-06-22

图 2-38　李并成：《汉敦煌郡境内置、骑置、驿等位置考》，《敦煌研究》，2011 年第 3 期

图 2-39　甘肃简牍博物馆提供

图 2-40　甘肃简牍博物馆提供

图 2-41　甘肃简牍博物馆提供

图 2-42　甘肃简牍博物馆提供

图 2-43　甘肃简牍博物馆提供

图 2-44　连达：《一幅悬泉置复原图的诞生过程》，《万里长城》，2016 年第 1 期，第 16 页

图 2-45　甘肃简牍博物馆提供

图 2-46　甘肃简牍博物馆提供

图 2-47　甘肃简牍博物馆提供

图 2-48　甘肃简牍博物馆提供

图 2-49　金塔县博物馆李国民拍摄

图 2-50　金塔县博物馆李国民拍摄

图 2-51　甘肃简牍博物馆提供

图 2-52　吴礽骧：《河西汉塞调查与研究》，北京：文物出版社，2005 年，图版 42

图 2-53　甘肃简牍博物馆提供

图 2-54　甘肃简牍博物馆提供

图 2-55　甘肃简牍博物馆提供

图 2-56　甘肃简牍博物馆提供

图 2-57　甘肃简牍博物馆提供

图 2-58　甘肃简牍博物馆提供

图 2-59　甘肃简牍博物馆提供

图 2-60　甘肃省文物考古研究所张俊民提供

图 2-61　甘肃简牍博物馆肖从礼制

图 2-62　《中国出土壁画全集》9，第 61 页

图 2-63　甘肃简牍博物馆提供

图 2-64　甘肃简牍博物馆提供

图 2-65　甘肃省文物考古研究所编：《敦煌汉简》上册，北京：中华书局，1991 年，图版一九一

图 2-66　张德芳、孙家洲主编：《居延敦煌汉简出土遗址实地考察论文集》，上海古籍出版社，2012 年，照片 69

第三章　汉塞边关的文化教育

图 3-1　棠山书院微信公众号，《战国竹简 < 清华简 >》，2021-06-23

图 3-2　《荆门晚报》，《千年佚书终见日——探访"郭店楚简"考古发掘》，2021-11-22，第 3 版

图 3-3　清华大学微信公众号，《"清华简"新研究内藏"猛料"》，2021-12-17

图 3-4　善本古籍微信公众号，《马王堆帛书：＜战国纵横家书＞》，
　　　　 2020-12-05

图 3-5(1)　书法聚焦微信公众号，《书法欣赏|仪礼简》，2021-07-18

图 3-5(2)　甘肃省文物局微信公众号，《甘肃馆藏精品|仪礼简》，2019-
　　　　　08-15

图 3-6　甘肃简牍博物馆提供

图 3-7　甘肃简牍博物馆提供

图 3-8　甘肃简牍博物馆肖从礼收集

图 3-9　秦始皇帝陵博物院微信公众号，《竹简的历史》，2020-06-05

图 3-10　网址：https://www.zdic.net/zd/zx/jg/ 册；https://www.zdic.net/zd/
　　　　 zx/jw/ 典

图 3-11　甘肃简牍博物馆提供

图 3-12　甘肃简牍博物馆提供

图 3-13　甘肃简牍博物馆提供

图 3-14　甘肃简牍博物馆提供

图 3-15　《居延汉简（三）》，第 198 页

图 3-16　曾庸：《汉代的金马书刀》，《考古》，1959 年第 7 期，第
　　　　 374 页

图 3-17　齐吉祥、海涛：《你知道写了错字要用刀削吗》，《奇妙博物馆》，
　　　　 2021 年第 4 期，第 30 页

图 3-18　额济纳旗居延遗址保护中心刘鹏提供

图 3-19　《窈窕淑女还是"腰好"淑女？《诗经》背错了吗》，《光明日报》，
　　　　 2019-10-14，第 8 版

图 3-20　《窈窕淑女还是"腰好"淑女？《诗经》背错了吗》，《光明日报》，
　　　　 2019-10-14，第 8 版

图 3-21　甘肃居延考古队：《居延汉代遗址的发掘和新出土的简册文物》，
　　　　 《文物》，1978 年第 1 期，第 7 页

图 3-22　甘肃简牍博物馆提供

图 3-23　考古中的国微信公众号，《铁器时代·马王堆帛书》，2022-08-25

图 3-24　长沙简牍博物馆微信公众号，《上博三·周易·颐卦》，2015-03-03

图 3-25　长沙简牍博物馆微信公众号，《里耶秦简——埋藏在湘西小镇里的秦代历史》，2022-05-21

图 3-26　北京大学出土文献研究所编：《北京大学藏西汉竹书（二）》，上海：上海古籍出版社，2012 年，第 4 页

图 3-27　长沙简牍博物馆编著：《长沙简牍博物馆藏长沙走马楼吴简书法研究》，杭州：西泠印社出版社，2019 年 1 月，第 148 页

图 3-28　甘肃省文物局微信公众号，《甘肃馆藏精品 | 临泽黄家湾晋简》，2022-08-06

图 3-29　甘肃简牍博物馆提供

图 3-30　甘肃简牍博物馆提供

图 3-31　甘肃简牍博物馆提供

图 3-32　甘肃省文物考古研究所编：《敦煌汉简》上册，北京：中华书局，1991 年，图版一三三

图 3-33　汪涛等主编：《英国国家图书馆藏斯坦因所获未刊汉文简牍》，上海：上海辞书出版社，2007 年，第 131 页

图 3-34　张存良：《水泉子汉简＜苍颉篇＞整理与研究》，兰州大学博士论文，2015 年，第 63、64 页

图 3-35　吴礽骧：《河西汉塞调查与研究》，北京：文物出版社，2005 年，图版 22

图 3-36　甘肃简牍博物馆提供

图 3-37　吴皇象〔传〕：《急就章》〔明拓松江本　启功藏〕，第 4 页

图 3-38　甘肃省文物考古研究所编：《敦煌汉简》上册，北京：中华书局，

图 3-39　甘肃省文物考古研究所编：《敦煌汉简》上册，北京：中华书局，图版一八五

图 3-40　甘肃省文物考古研究所编：《敦煌汉简》上册，北京：中华书局，图版一八五

图 3-41　甘肃简牍博物馆提供

图 3-42　甘肃省文物考古研究所编：《敦煌汉简》上册，北京：中华书局，1991 年，图版二〇一

图 3-43　甘肃简牍博物馆提供

图 3-44　甘肃简牍博物馆提供

图 3-45　金塔县博物馆李国民拍摄

图 3-46　甘肃简牍博物馆提供

图 3-47　甘肃简牍博物馆提供

图 3-48　甘肃简牍博物馆提供

图 3-49　甘肃简牍博物馆提供

图 3-50　甘肃简牍博物馆提供

图 3-51　甘肃简牍博物馆提供

图 3-52　甘肃简牍博物馆提供

图 3-53　甘肃简牍博物馆提供

第四章　边塞的军事生活

图 4-1　甘肃简牍博物馆提供

图 4-2　《居延汉简（三）》，第 262 页

图 4-3　《居延汉简（二）》，第 164 页

图 4-4　甘肃简牍博物馆提供

图 4-5　贾小军：《汉唐时期河西走廊墓葬壁画全集》，兰州：甘肃文化出版社，2019 年，第 93 页

图 4-6　甘肃简牍博物馆提供

图 4-7　甘肃简牍博物馆提供

图 4-8　李燕拍摄于嘉峪关长城博物馆

图 4-9　李燕拍摄于嘉峪关长城博物馆

图 4-10　甘肃简牍博物馆提供

图 4-11　甘肃省文物考古研究所编：《敦煌汉简》上册，北京：中华书局，1991 年，图版一二三；《居延汉简（二）》，第 92 页；甘肃简牍博物馆提供

图 4-12　甘肃简牍博物馆提供；《居延汉简（一）》，第 55 页

图 4-13　甘肃简牍博物馆提供

第五章　汉简里的人间四味

图 5-1　甘肃简牍博物馆提供

图 5-2　《怎么选醋？科学家给了这份攻略》，《光明日报》，2021-01-16，第 3 版

图 5-3　贾小军：《汉唐时期河西走廊墓葬壁画全集》，兰州：甘肃文化出版社，2019 年，第 63 页

图 5-4　查字网官网：http://qiyuan.chaziwang.com/etymology-18816.html

图 5-5　刘莉：《早期陶器、煮粥、酿酒与社会复杂化的发展》，《中原文物》，2017 年第 2 期，第 30 页

图 5-6　甘肃简牍博物馆提供

图 5-7　甘肃省文物局微信公众号，《汉长城敦煌段》，2019-06-20

图 5-8　金塔县博物馆李国民拍摄

图 5-9　甘肃简牍博物馆提供

图 5-10　甘肃简牍博物馆提供

图 5-11　《吹糖趣谈　行走中的"糖人"》，《名城绘》，2015 年第 4 期，第 73 页

图 5-12　《吹糖趣谈　行走中的"糖人"》，《名城绘》，2015 年第 4 期，第 75 页

图 5-13　古田文体旅游微信公众号，《非遗故事 | 麦芽糖制作技艺》，2022-05-07

图 5-14　宋应星：《天工开物》卷上七八

图 5-15　甘肃简牍博物馆提供

图 5-16　甘肃简牍博物馆提供

图 5-17　地道风物微信公众号，《中国的盐，到底有多了不起》，2021-12-26

图 5-18　绘图网，网址：https://www.huitu.com/photo/show/20180415/235326322020.html

图 5-19　宋应星：《天工开物》卷上七一

图 5-20　秋慈：《东汉制盐画像砖："秀"出富庶古蜀人》，《科学之友》，2021 年第 3 期，第 66 页

图 5-21　甘肃简牍博物馆提供

图 5-22　甘肃简牍博物馆提供

图 5-23　陈建贡、徐敏编：《简牍帛书字典》，上海：上海书画出版社，1991 年，第 843 页

图 5-24　三联美食微信公众号，《郫县豆瓣酱：为菜肴注入"辣"的灵魂》，2022-02-12

图 5-25　李鹏飞：《长治盆地史前遗存分析》，郑州大学硕士论文，2019 年，第 19、33 页

图 5-26　甘肃简牍博物馆提供

后　记

　　本书为"简"述中国系列丛书之一，主要是以甘肃简牍博物馆藏汉简和相关文物为主要介绍对象，通过挖掘简牍释文和文物背后的故事，以生动有趣的形式将文物里的丝路往事展现给读者，让读者对汉代边塞戍卒的生活有全方位的了解。期望通过本书的介绍，能够让藏在"深闺"的甘肃简牍真正走向大众。

　　李燕承担了书中相关章节约90000字的撰写工作，以及后期整个书稿的整理编辑校对工作；赵玉琴承担了该书中部分文稿的编撰工作，约30000字。书中有部分内容前期陆续在"简"述中国微信公众号发表，甘肃简牍博物馆馆长朱建军研究馆员、肖从礼研究馆员、助理馆员吉强等人参与了书稿撰写。甘肃简牍博物馆的助理馆员程卓宁拍摄了约100张简牍文物照片用于本书配图。在书稿的撰写过程中，科技保护部的副研究馆员常燕娜、馆员高泽、助理馆员杨升协助查阅简号，为拍摄简牍做了大量琐碎但很重要的基础工作。

整理研究部肖从礼记